परिव्राजक
मेरी भ्रमण कहानी

परिव्राजक
मेरी भ्रमण कहानी

स्वामी विवेकानंद

प्रभात
पेपरबैक्स
www.prabhatbooks.com

प्रकाशक

प्रभात पेपरबैक्स

प्रभात प्रकाशन प्रा. लि. का उपक्रम

4/19 आसफ अली रोड, नई दिल्ली-110002

फोन : 23289777 • हेल्पलाइन नं. : 7827007777

इ-मेल : prabhatbooks@gmail.com ❖ वेब ठिकाना : www.prabhatbooks.com

संस्करण

2023

मूल्य

दो सौ पचास रुपए

मुद्रक

आर-टेक ऑफसेट प्रिंटर्स, दिल्ली

★

PARIVRAJAK: Meri Bhraman Kahani

by Swami Vivekananda

Published by **PRABHAT PAPERBACKS**

An imprint of Prabhat Prakashan Pvt. Ltd.

4/19 Asaf Ali Road, New Delhi-110002

ISBN 978-93-5521-368-6

₹ 250.00

पुस्तक परिचय

स्वामी विवेकानंद ने भारत में उस समय अवतार लिया, जब यहाँ हिंदू धर्म के अस्तित्व पर संकट के बादल मँडरा रहे थे। पंडित-पुरोहितों ने हिंदू धर्म को घोर आडंबरवादी और अंधविश्वासपूर्ण बना दिया था। ऐसे में स्वामी विवेकानंद ने हिंदू धर्म को एक पूर्ण पहचान प्रदान की। इसके पहले हिंदू धर्म विभिन्न छोटे-छोटे संप्रदायों में बँटा हुआ था। तीस वर्ष की आयु में स्वामी विवेकानंद ने शिकागो (अमेरिका) में विश्व धर्म संसद् में हिंदू धर्म का प्रतिनिधित्व किया और इसे सार्वभौमिक पहचान दिलवाई।

गुरुदेव रवींद्रनाथ टैगोर ने एक बार कहा था, "यदि आप भारत को जानना चाहते हैं, तो विवेकानंद को पढ़िए। उनमें आप सबकुछ सकारात्मक ही पाएँगे, नकारात्मक कुछ भी नहीं।"

रोम्या रोलाँ ने उनके बारे में कहा था, "उनके द्वितीय होने की कल्पना करना भी असंभव है। वे जहाँ भी गए, सर्वप्रथम हुए...हर कोई उनमें अपने नेता का दिग्दर्शन करता। वे ईश्वर के प्रतिनिधि थे तथा सब पर प्रभुत्व प्राप्त कर लेना ही उनकी विशिष्टता थी। हिमालय प्रदेश में एक बार एक अनजान यात्री उन्हें देख, ठिठककर रुक गया और आश्चर्यपूर्वक चिल्ला उठा, 'शिव!' यह ऐसा हुआ, मानो उस व्यक्ति के आराध्य देव ने अपना नाम उनके माथे पर लिख दिया हो।"

उनतालीस वर्ष के संक्षिप्त जीवनकाल में स्वामी विवेकानंद जो काम कर गए, वे आनेवाली अनेक शताब्दियों तक पीढ़ियों का मार्गदर्शन करते रहेंगे।

वे केवल संत ही नहीं थे, एक महान् देशभक्त, ओजस्वी वक्ता, प्रखर विचारक, रचनाधर्मी लेखक और करुण मानवप्रेमी भी थे। अमेरिका से लौटकर उन्होंने देशवासियों का आह्वान करते हुए कहा था, "नया भारत निकल पड़े मोची की दुकान से, भड़भूजे के भाड़ से, कारखाने से, हाट से, बाजार से; निकल पड़े झाड़ियों, जंगलों, पहाड़ों, पर्वतों से।"

और जनता ने स्वामीजी की पुकार का उत्तर दिया। वह गर्व के साथ निकल पड़ी। गांधीजी को आजादी की लड़ाई में, जो जन-समर्थन मिला, वह विवेकानंद के आह्वान का ही फल था। इस प्रकार वे भारतीय स्वतंत्रता-संग्राम के भी एक प्रमुख प्रेरणा-स्रोत बने।

उनका विश्वास था कि पवित्र भारतवर्ष धर्म एवं दर्शन की पुण्यभूमि है। यहीं बड़े-बड़े महात्माओं तथा ऋषियों का जन्म हुआ, यही संन्यास एवं त्याग की भूमि है तथा यहीं, केवल यहीं, आदिकाल से लेकर आज तक मनुष्य के लिए जीवन के सर्वोच्च आदर्श एवं मुक्ति का द्वार खुला हुआ है।

उनके कथन—"उठो, जागो, स्वयं जगकर औरों को जगाओ। अपने नर-जन्म को सफल करो और तब तक रुको नहीं, जब तक कि लक्ष्य प्राप्त न हो जाए।" पर अमल करके व्यक्ति अपना ही नहीं, सार्वभौमिक कल्याण कर सकता है। यही उनके प्रति हमारी सच्ची श्रद्धांजलि होगी।

प्रस्तुत पुस्तक 'परिव्राजक : मेरी भ्रमण कहानी' में स्वामीजी ने सरल शब्दों में तत्कालीन इतिहास, कला, समाज, जीवन-दर्शन इत्यादि का अपनी यूरोप यात्रा के माध्यम से चित्रमय वर्णन प्रस्तुत किया है। इनके माध्यम से व्यक्ति अपने तत्कालीन ज्ञान-दर्शन को सहज ही प्रशस्त कर सकता है। यह अनेक सवालों और जिज्ञासाओं की प्रतिपूर्ति करनेवाली एक प्रेरक, ज्ञानवर्द्धक और संग्रहणीय पुस्तक है।

अनुक्रम

परिव्राजक

स्वामीजी, ॐ नमो नारायणाय (यह संन्यासी को संबोधित करने की साधारण पद्धति है। ये संस्मरण स्वामीजी की सन् 1900 में की गई पाश्चात्य देशों की दूसरी यात्रा के हैं, जो 'उद्‍बोधन' के संपादक स्वामी त्रिगुणातीतानंद को संबोधित करके लिखे गए हैं। इन संस्करणों को स्वामीजी ने बांग्ला में हल्के ढंग से हास्य शैली में लिखा है। इनको पढ़ते समय यह तथ्य ध्यान में रखना आवश्यक है।)

(स्वामीजी ने यहाँ कालिदास के रघुवंश की प्रसिद्ध पंक्ति का संदर्भ दिया है—'कहाँ महान् सूर्यवंश और कहाँ मेरी क्षुद्र बुद्धि।')

'मो' कार को ऋषिकेशी ढंग से जरा उदात्त कर लेना, भइया! आज सात दिन हुए हमारा जहाज चल रहा है। रोज ही क्या हो रहा है, क्या नहीं, इसकी खबर तुम्हें लिखने की सोचता हूँ। खाता-पत्र और कागज-कलम भी तुमने काफी दे दिए हैं, किंतु यही बंगालियाना 'किंतु' बड़े चक्कर में डाल देता है। एक, काहिल तो पहले दर्जे का— डायरी या उसे तुम लोग क्या कहते हो—रोज लिखने की सोच रहा हूँ, लेकिन बहुत से कामों से वह अनंत 'काल' नामक समय में ही रह जाता है; एक कदम भी आगे नहीं बढ़ता। दूसरे, तारीख आदि की याद ही नहीं रहती। यह सब तुम खुद ठीक कर लेना। और अगर विशेष कृपा हो तो समझ लेना, वार-तिथि-मास महावीर की तरह याद ही नहीं रहते—राम हृदय में हैं, इसलिए, लेकिन दरअसल बात तो यह है कि यह कसूर है, सारा अक्ल का और वही अहदीपन। कैसा उत्पात? 'क्व सूर्यप्रभवो

वंशः', नहीं हुआ, 'क्व सूर्यप्रभववंशचूडामणि-रामैकशरणो वानरेन्द्रः', और कहाँ मैं 'दीनहुँ ते अतिदीन'; लेकिन हाँ, उन्होंने सौ योजन समुद्र एक ही छलाँग में पार किया था और हम लोग काठ के कोठे में बंद उथल-पुथल करते हुए, थुन्नियाँ पकड़कर, स्थिरता कायम रखते हुए समुद्र पार कर रहे हैं! लेकिन एक मर्दानगी जरूर है—उन्होंने लंका पहुँचकर राक्षस और राक्षसियों के चंद्रानन देखे थे और हम लोग राक्षस-राक्षसियों के दल के साथ जा रहे हैं। भोजन के वक्त वह सौ-सौ छुरों की चमचमाहट और सौ-सौ काँटों की ठनाठन देख-सुनकर तो तू (स्वामी तुरीयानंद, स्वामीजी के गुरुभाई) भाई साहब को तो काठ ही मार गया। भाई मेरे रह-रहकर सिकुड़ उठते। पासवाले रंगीन-बाल, बिड़ालाक्ष क्या जाने भूल से कोई छुरा खप से उन्हीं की गरदन में न खोंस दे—भाई साहब जरा मुलायमसिंह हैं न? भला क्यों जी, समुद्र पार करते वक्त महावीर को समुद्रपीड़ा (जहाज के हिलने-डुलने से अधिकतर लोगों का सिर घूमने लगता है तथा उन्हें वमन आदि भी होता है। इसी को 'सी-सिकनेस' कहते हैं। यह अवस्था 2-4 दिन रहती है।) हुई थी या नहीं? इसके संबंध में किताबों में कहीं कुछ आया भी है? तुम लोग तो पढ़कर पंडित हो गए हो; वाल्मीकि-आल्मीकि बहुत कुछ जानते हो; हमारे 'गुसाईंजी' तो कुछ भी नहीं कहते। शायद नहीं हुआ था, लेकिन वहीं किसी के मुख में पैठने की बात जो आई है, उसी जगह जरा संदेह होता है।

तू-भाई साहब कहते हैं, जहाज का तला जब सड़क से स्वर्ग की ओर इंद्रदेव से मशविरा करने जाता है और फिर उसी वक्त सीधा पाताल की ओर चलकर बलिराज को बाँधने की कोशिश करता है, उस वक्त उन्हें भी ऐसा जान पड़ता है, मानो किसी के महाविकट विस्तृत मुख के अंदर जा रहे हों, आप! माफ फरमाना भाई, अच्छे आदमी को काम का भार सौंपा है।

तू-भाई साहब कहते हैं, जहाज का तला जब सड़क से स्वर्ग की ओर

इंद्रदेव से मशविरा करने जाता है और फिर उसी वक्त सीधा पाताल की ओर चलकर बलिराज को बाँधने की कोशिश करता है, उस वक्त उन्हें भी ऐसा जान पड़ता है, मानो किसी के महाविकट विस्तृत मुख के अंदर जा रहे हों, आप! माफ फरमाना भाई, अच्छे आदमी को काम का भार सौंपा है। राम कहो! कहाँ तुम्हें सात दिन की समुद्र-यात्रा का वर्णन लिखूँगा, उसमें कितना रंग-ढंग, कितना बार्निस-मसाला रहेगा, कितना काव्य, कितना रस आदि-आदि और कहाँ इतना फिजूल बक रहा हूँ? असल बात यह कि माया का छिलका छुड़ाकर ब्रह्मफल खाने की बराबर कोशिश की गई है, अब एकाएक प्रकृति के सौंदर्य का ज्ञान कहाँ से लाऊँ, कहो—

कहैं काशी कहँ काश्मीर कहँ खुरासान गुजरात।

तमाम उम्र घूम रहा हूँ। कितने पहाड़, नद-नदी, गिरि, निर्झर, उपत्यका, अधित्यका, चिर-निहारमंडित मेघ-मेखलित पर्वत-शिखर, उत्तुंग-तरंग-भंगकल्लोलशाली कितने वारिनिध देखे, सुने लाँघे और पार किए; लेकिन किराँचियों और ट्रामों से घर्रायित धूलि-धूसरित कलकत्ता के बड़े रास्ते के किनारे, कैसे पानों की पीक-विचित्रित दीवारों की छिपकली-मूषिक-छछूँदर-मुखरित इकतल्ले घर के भीतर दिन के वक्त दीया जलाकर आम्र-काष्ठ के तख्ते पर बैठे हुए, भद्दे भचभचे (हुक्का) का शौक करते हुए कवि श्यामाचरण ने हिमाचल, समुद्र, प्रांत, मरुभूमि आदि की हूबहू तसवीरें खींचकर जो बंगालियों का मुख उज्ज्वल किया है, उस ओर खयाल दौड़ाना ही हमारी दुराशा है। श्यामाचरण बचपन में पश्चिम की सैर करने गए थे, जहाँ आकंठ भोजन के पश्चात् एक लोटा जल पीने से ही बस सब हज्म, फिर भूख। वहीं श्यामाचरण की प्रतिभाशालिनी दृष्टि ने इन प्राकृतिक विराट् और सुंदर भावों की उपलब्धि

तमाम उम्र घूम रहा हूँ। कितने पहाड़, नद-नदी, गिरि, निर्झर, उपत्यका, अधित्यका, चिर-निहारमंडित मेघ-मेखलित पर्वत-शिखर, उत्तुंग-तरंग-भंगकल्लोलशाली कितने वारिनिध देखे, सुने लाँघे और पार किए

कर ली है, पर जरा मुश्किल की बात यही है, सुनता हूँ कि उनका वह पश्चित बर्दमान नगर तक ही है।

लेकिन, चूँकि तुम्हारा हार्दिक अनुरोध है और मैं भी बिल्कुल तिहि रस वंचित गोविंददास नहीं हूँ, यह साबित करने के लिए श्री गणेशजी का स्मरण कर कथा प्रारंभ करता हूँ। तुम लोग भी सबकुछ छोड़-छाड़कर सुनो—

नदी के मुहाने या बंदर से अकसर रात को जहाज नहीं छूटते, खासतौर से कलकत्ता जैसे वाणिज्य बहुल बंदर और गंगा जैसी नदी से। जब तक जहाज समुद्र में नहीं पहुँचता, तभी तक पाइलट (बंदर से समुद्र तक पानी की गहराई जाननेवाले) का अधिकार है; वही कप्तान है, उसी की हुकूमत रहती है। समुद्र में जाने या आने के समय नदी के मुहाने से बंदर तक पहुँचाकर वह छुट्टी पा जाता है। हमारी गंगा के मुहाने में दो बड़े खतरे हैं; एक बजबज के पास 'जेम्स और मेरी' नाम की चोर-बालू और दूसरा डायमंड हार्बर के सामने रेती। पूरे ज्वार में तथा दिन के वक्त पाइलट बड़ी सावधानी से जहाज चला सकते हैं, नहीं तो नहीं। इसलिए गंगा से निकलने में हमें दो दिन लग गए।

नदी के मुहाने या बंदर से अकसर रात को जहाज नहीं छूटते, खासतौर से कलकत्ता जैसे वाणिज्य बहुल बंदर और गंगा जैसी नदी से। जब तक जहाज समुद्र में नहीं पहुँचता, तभी तक पाइलट (बंदर से समुद्र तक पानी की गहराई जाननेवाले) का अधिकार है; वही कप्तान है, उसी की हुकूमत रहती है।

ऋषिकेश की गंगा याद है? यह निर्मल नीलाभ जल, जिसके भीतर दस हाथ की गहराई में रहनेवाली मछलियों के पंख गिने जा सकते हैं, वह अपूर्व सुस्वाद हिमशीतल 'गांग वारि मनोहारी' और वह अद्भुत 'हर-हर-हर' तरंगोत्थ ध्वनि, सामने गिरि-निर्झरों की 'हर-हर' प्रतिध्वनि, वह जंगलों में रहना, मधुकरी भिक्षा, गंगा-गर्भ में क्षुद्र द्वीपाकार शिलाखंड पर भोजन, कर-पुटों की बँधी अंजलि द्वारा जलपान, चारों ओर कणप्रत्याशी मत्स्य कुल

का निर्भय विचरण, वह गंगा-जलप्रीति, गंगा की महिमा, वह गंगावारि का वैराग्यपद स्पर्श, वह हिमालय-वाहिनी गंगा, श्रीनगर, टिहरी, उत्तर-काशी, गंगोत्तरी; तुममें से कोई-कोई तो गोमुखी तक देख चुके हो, परंतु हमारी कर्दमाविला, हरगात्रविघर्षणशुभ्रा, सहस्रपोतवक्षा, इस कलकत्ते की गंगा में जो एक आकर्षण है, वह कभी नहीं भूल सकता। कौन जाने यह स्वदेशप्रियता है या बाल्य संस्कार? गंगामाता के साथ हिंदुओं का यह कैसा संबंध! क्या यह कुसंस्कार है? 'गंगा-गंगा' कहकर जिंदगी काट देते, गंगाजल में मरते, दूर-दूर के लोग गंगाजल ले जाते, ताम्रपात्र में यत्नपूर्वक रखते, तिथि-पत्र के दिन एक-एक बूँद पान करते हैं। कितना धन खर्च कर राजा-रजवाड़े गंगा का जल ले जाकर रामेश्वर पर चढ़ाते हैं, हिंदू विदेश जाते—रंगून, जावा, हांगकांग, जंजीबार, मैडागास्कर, स्वेज, एडेन, माल्टा—पर साथ गंगाजल और 'गीता'।

'गीता' और गंगा में हिंदुओं का हिंदुत्व है। उस बार मैंने भी थोड़ा सा जल लिया था—क्या जानूँ! मौका आने से ही थोड़ा सा पी लेता। पीने के बाद ही, लेकिन उस पाश्चात्य जन-स्रोत के भीतर सभ्यता के कल्लोल के बीच, उस कोटि-कोटि मानवों के क्षिप्तप्राय दुत-पद संचार के भीतर, मन मानो स्थिर हो जाया करता था। वह जनस्रोत, वह रजोगुण का स्फालन, वह प्रतिपद-प्रतिद्वंद्वी-संघर्ष, वह विलासभूमि अमरावती सदृश पेरिस, लंदन, न्यूयॉर्क, बर्लिन, रोम—सब लुप्त हो जाता था; और मैं सुनता था, वहीं 'हर-हर-हर', देखता था, वहीं हिमालय-क्रोडस्थ जनशून्य विपिन और कल्लोलिनी सुर-तरंगिनी जैसे हृदय में, मस्तक में, शिरा-शिरा में संचार कर रही है और गर्जना

'गीता' और गंगा में हिंदुओं का हिंदुत्व है। उस बार मैंने भी थोड़ा सा जल लिया था—क्या जानूँ! मौका आने से ही थोड़ा सा पी लेता। पीने के बाद ही, लेकिन उस पाश्चात्य जन-स्रोत के भीतर सभ्यता के कल्लोल के बीच, उस कोटि-कोटि मानवों के क्षिप्तप्राय दुत-पद संचार के भीतर, मन मानो स्थिर हो जाया करता था।

कर पुकार रही है 'हर-हर-हर'।

अबकी बार तुम लोगों ने, देखता हूँ 'माँ' को मद्रास के लिए भेजा है, लेकिन एक कैसे अद्‌भुत पात्र में माता को प्रविष्ट कर दिया है, भाई ? तू-भाई बाल-ब्रह्मचार्य हैं—'ज्वलत्रिव ब्रह्ममयेन तेजसा'; थे—'नमो ब्रह्मणे', हुए हैं—'नमो नारायणाय।' (अरे बाप, इसकी क्या महानता!) इसीलिए शायद भाई साहब के हाथों पड़, ब्रह्म-कमंडल छोड़कर माता का बधना-प्रवेश हुआ है। खैर, कुछ रात गए उठकर देखता हूँ, उस बृहत् बधनाकार कमंडल के भीतर माता का अवस्थान असह्य हो गया है। उसे भेदकर माता निकलता चाहती हैं। मैंने सोचा, लो सत्यानाश हो गया। यहीं अगर हिमालय-भेद, ऐरावत-बहाव, जह्नु मुनि का कुटी-भंग आदि-आदि अभिनय किए गए, तब तो मैं गया। स्तव-स्तुतियाँ बहुत की, माता को समझाया भी बहुत, कहा—माँ, जरा ठहरो, कल मद्रास उतरकर जो करना हो करना, उस मुल्क में हाथी से भी बारीक अक्लवाले बहुत हैं। अकसर सभी की जह्नु की ही कुटियाँ हैं और वह जो चमकते हुए घुटे-घुटाए चोटीदार सिर हैं, वे सब प्रायः शिलाखंड से ही तैयार किए हुए हैं। हिमाचल तो उनके सामने मक्खन जैसा है, जितने तोड़ सको, तोड़ना, अभी जरा ठहरो न! माँ सुननेवाली थोड़े ही है ? तब एक युक्ति मैंने सोची। कहा, माँ देखो, वे जो सिर पर पगड़ी और कुरता पहने जहाज के सब नौकर इधर-इधर चक्कर काट रहे हैं, वे सब हैं, असल गो-खोर मुंडे।

अबकी बार तुम लोगों ने, देखता हूँ 'माँ' को मद्रास के लिए भेजा है, लेकिन एक कैसे अद्‌भुत पात्र में माता को प्रविष्ट कर दिया है, भाई ? तू-भाई बाल-ब्रह्मचार्य हैं—'ज्वलत्रिव ब्रह्ममयेन तेजसा'; थे—'नमो ब्रह्मणे', हुए हैं—'नमो नारायणाय।' (अरे बाप, इसकी क्या महानता!) इसीलिए शायद भाई साहब के हाथों पड़, ब्रह्म-कमंडल छोड़कर माता का बधना-प्रवेश हुआ है।

जल में क्या कोई रूप नहीं है ? जल से जलमयी, मूसलधार वृष्टि अरुई के पत्तों पर से बही जा रही है। असंख्य ताल, खजूर और नारियलों के सिर जरा झुके हुए वह धारा-संपात वहन कर रहे हैं। चारों ओर मेढकों की घर्घर आवाज, इसमें क्या रूप नहीं है ? और हमारा गंगा का किनारा, विदेश से बिना आए, डायमंड हार्बर के मुहाने से गंगा में प्रवेश बिना किए, यह समझ में नहीं आता। वह सघन नील आकाश, उसके अंक में काले बादल, उनकी गोद में सफेद मेघ, सुनहली किनारीदार, जिनके नीचे झाड़-के-झाड़, ताल-नारिकेल और खजूरों के सिर, हवा में जैसे लाखों चँवर हिल रहे हों, उसके नीचे फीका, घना, ईषत् पीताभ (कुछ स्याहपन मिला हुआ) आदि-आदि हर तरह के सब्जई के ढले आम, लीची, कटहल, पत्ते-ही-पत्ते; पेड़, डालें कुछ नजर नहीं आते—झाड़-के-झाड़ बाँस हिलते और झूमते हैं, और सबके नीचे—जिसके पास यारकंदी, ईरानी तुर्किस्तानी गलीचे, दुलीचे हार मानकर कहाँ पड़े रहते हैं, वही घास, जितनी दूर देखो, वही सरसब्ज घास की घास, जैसे किसी ने छाँट-छूँटकर बराबर कर रखा हो; पानी के किनारे तक वही घास, गंगा की मंद मधुर हिलोरों ने जहाँ तक जमीन को ढक रखा है, जहाँ तक घास की घास जमीन से सटी हुई है। उसके नीचे हमारी गंगा का जल, फिर पैरों के नीचे से देखो, क्रमशः ऊपर सिर के ऊपर तक, एक रेखा के अंदर इतने रंगों की क्रीड़ा, एक ही रंग की इतनी किस्में और भी कहीं देखी हैं ? भला रंगों का नशा कभी आया है ? जिस रंग के नशे में पतंग आग में जल जाते हैं, मधुमक्खियाँ फूलों में बंद होकर भूखों मर जाती

जल में क्या कोई रूप नहीं है ? जल से जलमयी, मूसलधार वृष्टि अरुई के पत्तों पर से बही जा रही है। असंख्य ताल, खजूर और नारियलों के सिर जरा झुके हुए वह धारा-संपात वहन कर रहे हैं। चारों ओर मेढकों की घर्घर आवाज, इसमें क्या रूप नहीं है ? और हमारा गंगा का किनारा, विदेश से बिना आए, डायमंड हार्बर के मुहाने से गंगा में प्रवेश बिना किए, यह समझ में नहीं आता।

हैं? हाँ जी, कहता हूँ—अब इन गंगाजी की क्या शोभा है, जरा देख लो भर नजर, फिर विशेष कुछ रहने का नहीं। दैत्यों-दानवों के हाथ में पड़कर यह सब जा रहा है। उस घास की जगह खड़े होंगे, ईंटों के पजावे और उतरेंगे, ईंटों की खोलाई में गड्ढे महाशय! जहाँ गंगा की छोटी-छोटी तरंगें घास के साथ क्रीड़ा कर रही हैं, वहाँ खड़े होंगे पाट के लदे फलाट और वही गधा-बोट; और वह जो सब ताल-तमाल, आम और नीची के रंग हैं, वह नील आकाश मेघों की बहार, यह सब क्या और फिर भी देख पाओगे? देखोगे, पत्थर के कोयले का धुआँ और उसके बीच-बीच भूतों की तरह अस्पष्ट खड़ी चिमनियाँ!

यहीं स्याह-सफेद मिले हैं, जैसे कुछ प्रयाग का भाव हो, पर सब जगह दुर्लभ होने पर भी गंगाद्वारे प्रयागे च गंगा-सागर-संगमे। लेकिन इस जगह के लिए कहते हैं—यह ठीक गंगा का मुहाना नहीं है। खैर, मैं नमस्कार करता हूँ, इसलिए कि सर्वतोक्षिशिरो मुखम्।

यहीं स्याह-सफेद मिले हैं, जैसे कुछ प्रयाग का भाव हो, पर सब जगह दुर्लभ होने पर भी गंगाद्वारे प्रयागे च गंगा-सागर-संगमे। लेकिन इस जगह के लिए कहते हैं—यह ठीक गंगा का मुहाना नहीं है। खैर, मैं नमस्कार करता हूँ, इसलिए कि सर्वतोक्षिशिरो मुखम्।

कितना सुंदर है! सामने जहाँ तक नजर जाती है, तरंगायित, फेनल, सघन नील जलराशि, वायु के साथ ताल-ताल पर नाच रही है। पीछे हमारा गंगाजल, वही विभूतिभूषणा, वही गंगाफेनसिता जटा पशुपतेः। वह जल कुछ अधिक स्थिर है, सामने विभाग करनेवाली रेखा। जहाज एक बार सफेद जल पर उठ रहा है, एक बार स्याह जल पर। यह सफेद जल समाप्त हो आया। अब सिर्फ नीला जल। सामने पीछे आसपास सिर्फ नीला ही नीला जल, सिर्फ तरंग-भंगिमाएँ। नील केशराशि, नील कांति अंग-आभा, नीलांबर परिधान। देवताओं के भय से करोड़ों असुर समुद्र के नीचे छिपे हुए थे। आज उन्हें अच्छा मौका हाथ लगा है। आज वरुण उनके सहायक हैं,

पवनदेव साथी; महा गर्जन, विकट हुंकार, फेनमय अट्टहास, दैत्यकुल आज महोदधि पर समर-तांडव करते हुए मत्त हो रहे हैं। उसके बीच हमारा अर्णव-पोत, जहाज के अंदर जो जाति सागरांबरा धरित्री की सम्राज्ञी है, उसी जाति की स्त्रियाँ और पुरुष विचित्र वेशभूषा धारण किए हुए, स्निग्ध चंद्र सा वर्ण, मूर्तिमान आत्मनिर्भरता-आत्मप्रत्यय, कृष्ण वर्णों के निकट दर्प और दंभ की तसवीरों की तरह दिखलाई दे रहे हैं—सगर्व पादचारण कर रहे हैं। ऊपर वर्षा के मेघों से घिरी आसमान के जीमूतमंद्र, चारों ओर शुभ्राकार तरंगनियों का नृत्य, स्फालन, गुरु-गर्जना, पोत-राज के समुद्रबल-उपेक्षाकारी महायंत्र का हुंकार—वह एक विराट् सम्मेलन-तंद्राच्छन्न की तरह विस्मयरस से भरा हुआ, यही सुन रहा हूँ; सहसा यह समस्त जैसे भेदकर अनेक स्त्री-पुरुष-कंठ-मिश्रणोत्पन्न गंभीर नाद और तार सम्मिलित 'रूल ब्रिटानिया, रूल दि वेब्स' महागीत ध्वनि कानों को सुनाई दी! चौंककर देखता हूँ—

जहाज खूब झूम रहा है, और तू-भाई साहब दोनों हाथों सिर थामे, अन्नप्राशन के अन्न के पुनराविष्कार के प्रयत्न में लीन हैं। दूसरे दर्जे में दो बंगाली लड़के पढ़ने के लिए जा रहे हैं। उनकी हालत भाई साहब की हालत से भी बुरी हो रही है! एक तो ऐसा डरा हुआ है कि किनारा पा जाए, तो एक ही दौड़ में देश में दाखिल हो! यात्रियों में भारतवासी दो, वे और दो हम आधुनिक भारत के जिन दो दिनों जहाज गंगा के अंदर था, तू-भाई साहब 'उद्बोधन' संपादक के प्रतिनिधि! गुप्त उपदेश के फलस्वरूप 'वर्तमान भारत' प्रबंध जरा जल्द समाप्त कर देने के लिए परेशान कर डालते थे। आज मौका देखकर मैंने भी पूछा, "वर्तमान भारत की हालत कैसी है?" भाई साहब ने एक दफा

जहाज खूब झूम रहा है, और तू-भाई साहब दोनों हाथों सिर थामे, अन्नप्राशन के अन्न के पुनराविष्कार के प्रयत्न में लीन हैं। दूसरे दर्जे में दो बंगाली लड़के पढ़ने के लिए जा रहे हैं। उनकी हालत भाई साहब की हालत से भी बुरी हो रही है! एक तो ऐसा डरा हुआ है कि किनारा पा जाए, तो एक ही दौड़ में देश में दाखिल हो!

सेकंड क्लास की ओर, फिर अपनी ओर देखकर, एक लंबी साँस छोड़कर जवाब दिया, "बड़ी चिंताजनक! निहायत घुला जा रहा है।"

इतनी बड़ी पद्मा को छोड़कर गंगा का महात्म्य हुगली नाम की धारा में क्यों आ पड़ा, इसका कारण बहुतेरे कहते हैं कि भागीरथी का मुख ही गंगा की प्रधान और आदि धरा है। इसके बाद गंगा पद्मा के मुहाने की ओर निकल गई। इसी प्रकार 'टलिस नाला' नामक खाल भी आदि गंगा के नाम से गंगा की प्राचीन धारा थी। अपने पोतवणिक-नायक को कवि कंकण उसी पथ से सिंहल द्वीप ले गए हैं। पहले त्रिवेणी तक बड़े-बड़े जहाज अनायास ही प्रवेश कर जाते थे। 'सप्तग्राम' नामक बंदर त्रिवेणी घाट के कुछ दूर ही सरस्वती पर स्थित था। बहुत प्राचीन काल से यह सप्तग्राम बंग देश के बाह्य वाणिज्य का प्रधान बंदर था। क्रमशः सरस्वती का मुँह बंद होने लगा। 1537 ईसवी में उसका मुँह इतना भर गया कि पुर्तगालियों ने अपने जहाजों के आने-जाने के लिए कुछ दूर नीचे चलकर गंगा के किनारे जगह ली। यही पीछे से मशहूर हुगली नगर हुआ। सोलहवीं सदी का आरंभ होते ही स्वदेशी-विदेशी सौदागर गंगा में रेती पड़ जाने के डर से बड़े ही व्याकुल हुए, पर डरने से क्या होता? मनुष्यों की विद्या-बुद्धि आज तक भी कोई बड़ा काम नहीं कर सकी। इधर गंगाजी भी क्रमशः भरती आ रही थीं। 1666 ईसवी में एक फ्रांसीसी पादरी लिखते हैं—सुती के पास भागीरथी का मुख उस समय भर गया था। अंध कूपवाले हालवेल को मुर्शिदाबाद जाते समय शांतिपुर में पानी न रहने के कारण एक छोटी नाव करनी पड़ी थी। 1797 ईसवी में कप्तान कोलब्रुक साहस लिखते हैं—गरमियों में भागीरथी और जलांगी (जलांगी नदी

इतनी बड़ी पद्मा को छोड़कर गंगा का महात्म्य हुगली नाम की धारा में क्यों आ पड़ा, इसका कारण बहुतेरे कहते हैं कि भागीरथी का मुख ही गंगा की प्रधान और आदि धरा है। इसके बाद गंगा पद्मा के मुहाने की ओर निकल गई। इसी प्रकार 'टलिस नाला' नामक खाल भी आदि गंगा के नाम से गंगा की प्राचीन धारा थी।

नवद्वीप से कुछ दूर भागीरथी से मिली है। इस संगम के बाद से ही भागीरथी का नाम हुगली पड़ा है) नदियों में नौका नहीं चलती। 1822 ईसवी से 1824 ईसवी तक गरमियों में भागीरथी में नावों का आना-जाना बंद था। इसके अंदर 24 साल तक दो या तीन ही फुट पानी था। 17वीं सदी में डच लोगों ने हुगली शहर के एक मील नीचे चूँचड़ा में व्यापारिक केंद्र बनाया; फ्रांसीसी लोगों ने इसके भी बाद आकर और नीचे चंदन नगर स्थापित किया। जर्मन आस्टेंड कंपनी ने 1723 ईसवी में चंदन नगर से पाँच मील नीचे, दूसरी तरफ बाँकीपुर नाम के स्थान पर आढ़त खोली। 1616 ईसवी में दिनेमारो ने चंदर नगर से आठ मील दूर श्रीरामपुर में आढ़त खोली। इसके बाद अंग्रेजों ने और भी नीचे कलकत्ता बसाया। पहले की सभी जगहों में अब जहाज नहीं जा सकता। कलकत्ता अब भी खुला हुआ है, लेकिन आगे चलकर क्या होगा, यह चिंता सबको लगी हुई है।

जर्मन आस्टेंड कंपनी ने 1723 ईसवी में चंदन नगर से पाँच मील नीचे, दूसरी तरफ बाँकीपुर नाम के स्थान पर आढ़त खोली। 1616 ईसवी में दिनेमारो ने चंदर नगर से आठ मील दूर श्रीरामपुर में आढ़त खोली। इसके बाद अंग्रेजों ने और भी नीचे कलकत्ता बसाया।

परंतु शांतिपुर के आस-पास तक गंगा में गरमियों में भी जो इतना पानी रहता है, इसका एक विचित्र कारण है; ऊपर का बहाव प्राय: बंद हो जाने पर भी राशि-राशि जल मिट्टी के भीतर से चूता हुआ, गंगा में आ पड़ता है। गंगा की सतह अब भी पास वाली जमीन से बहुत नीची है। यदि वह गड्ढा क्रमश: मिट्टी पर ऊँचा हो जाए तो फिर मुश्किल है और एक भयप्रद किंवदंती है—कलकत्ता के पास भी गंगाजी भूकंप या अन्य कारणों से बीच-बीच में इस तरह सूख गई हैं कि आदमी पैरों पार हो गए हैं। 1770 ईसवी में सुनता हूँ ऐसा ही हुआ था। एक दूसरी रिपोर्ट में यह मिलता है कि 1734 ईसवी में 20 अक्तूबर बृहस्पतिवार दोपहर के समय भाटा हो जाने पर गंगा बिल्कुल सूख गई थीं। ठीक वारबेला (अशुभ मुहूर्त) में अगर यह हाल हो

गया होता तो क्या होता, तुम्हीं लोग सोचो। गंगा शायद फिर लौटती ही नहीं।

यह तो हुई ऊपरी बातें। नीचे महाभय—जेम्स और मेरी नामक चोर बाल हैं। पहले दामोदर नद कलकत्ते में 30 मील ऊपर गंगा में आकर गिरता था। अब काल की विचित्र गति से आप 31 मील से अधिक दक्षिण में आकर हाजिर हुए हैं। इसके करीब 6 मील नीचे रूपनारायण (नद) जल ढाल रहे हैं। मणिकांचन संयोग से आप लोग हरहराते हुए आते रहे, लेकिन यह कीच कौन धोए? इसलिए तो राशि-राशि बालुका! वह सब कभी यहाँ, कभी वहाँ, कभी कुछ कड़ा, कभी कुछ नर्म हो रहा है। इस भय की कहीं हद है? दिन-रात नाप-जोख हो रही है। जरा खयाल दूसरी तरफ गया—कुछ दिनों तक नाप जोख जो भूली कि जहाज वहीं जमा। उस रेती को छूते-ही-छूते अंटाचित या सीधे पाताल प्रवेश! ऐसा हुआ भी है, बड़े-बड़े तीन मस्तूलवाले जहाज पर जमीन पकड़ने के आध-घंटे बाद देखा गया, सिर्फ एक ही मस्तूल रूपी संतरी खड़ा है। यह रेता साहब दामोदर-रूपनारायण (यहाँ दामोदर-रूपनारायण में श्लेष है। ये दो नद हैं, साथ ही दामोदर के रूप में नारायण, अर्थात् सर्वभक्षी नारायण अर्थ भी किया जाएगा) के मुहाने में ही मौजूद हैं। दामोदर इस वक्त संथाली गाँवों से प्रसन्न नहीं, आपको जहाजों की चटनी पसंद आई है। 1877 ईसवी में कलकत्ता से कोंटी ऑफ स्टर्लिंग नाम के एक जहाज में 1,444 टन गेहूँ लादा जा रहा था। उस विकट रेता से ज्योंही लगा कि उसके बाद आठ ही मिनट में 'कुछ खबर ही नहीं।' 1874 ईसवी में 2,400 टन माल लदे एक

यह तो हुई ऊपरी बातें। नीचे महाभय—जेम्स और मेरी नामक चोर बाल हैं। पहले दामोदर नद कलकत्ते में 30 मील ऊपर गंगा में आकर गिरता था। अब काल की विचित्र गति से आप 31 मील से अधिक दक्षिण में आकर हाजिर हुए हैं। इसके करीब 6 मील नीचे रूपनारायण (नद) जल ढाल रहे हैं। मणिकांचन संयोग से आप लोग हरहराते हुए आते रहे, लेकिन यह कीच कौन धोए?

जहाज की दो ही मिनट में यह हालत हुई थी। धन्य माताजी तुम्हारा मुख! हम लोग सही-सलामत पार हो जाएँ, इसके लिए प्रणाम है।

यह जहाज कितना आश्चर्यजनक है! जिस समुद्र की ओर किनारे से देखने पर डर लगता है, जिसके बीच आकाश झुककर मिल गया सा मालूम होता है, जिसके गर्भ से सूर्य धीरे-धीरे उठता और डूब जाता है, जिसकी भौंहों में जरा सा बल पड़ गया कि होश उड़ जाते हैं, अब आम रास्ता हो रहा है, सबसे सस्ता मार्ग! यह जहाज तैयार किसने किया? किसी ने नहीं। अर्थात् मनुष्यों के प्रधान अवलंबन के रूप में, जो सब कल-पुर्जे हैं, जिनके बिना एक पल भी नहीं चल सकता—रद्दोबदल से और सब कल-कारखाने ईजाद किए गए हैं, उनकी तरह जहाज को भी सबने मिलकर तैयार किया है। जिस तरह पहिए; पहियों के बिना क्या कोई काम चल सकता है? हचाहच वाली बैलगाड़ी से लेकर 'उड़ीसा जगन्नाथपुरी भले बिराजोजी' के रथ तक, सूत कातनेवाले चरखे से लेकर बड़े-बड़े कारखानों की कलों तक क्या कुछ पहियों के बिना चल सकता है? यह चाक-सृष्टि पहले किसने की? किसी ने नहीं, अर्थात् सबने मिलकर की है। पहले से आदमी कुल्हाड़े से काठ काट रहे हैं, बड़ी-बड़ी पेड़ियाँ ढालू जगहों से लुढ़का रहे हैं, फिर उन्हें काटकर क्रमशः ठोस पहिए तैयार हुए, बाद में आरा और नाभि इत्यादि, अंत में आजकल के पहियों की सृष्टि हुई।

> ***यह जहाज कितना आश्चर्यजनक है! जिस समुद्र की ओर किनारे से देखने पर डर लगता है, जिसके बीच आकाश झुककर मिल गया सा मालूम होता है, जिसके गर्भ से सूर्य धीरे-धीरे उठता और डूब जाता है, जिसकी भौंहों में जरा सा बल पड़ गया कि होश उड़ जाते हैं, अब आम रास्ता हो रहा है, सबसे सस्ता मार्ग! यह जहाज तैयार किसने किया? किसी ने नहीं।***

ये हैं हमारे पहिए! कितने लाख वर्ष लगे, कौन कह सकता है, लेकिन हाँ, इस हिंदुस्तान में जो कुछ भी होता है, वह रह जाता है। उसकी चाहे जितनी

भी तरक्की हो, चाहे जितना भी रद्दोबदल हो, नीचे की सीढ़ियों पर चढ़नेवाले लोग न जाने कहाँ से आ जाते हैं और सब सीढ़ियाँ रह जाती हैं। एक बाँस से एक तार बाँधकर बजाया गया। उसके क्रम से बालों के साज और कमानी से पहले बेला हुआ, फिर कितने रूप बदले, कितने तार हुए कितने ताँत! साज के नाम और रूप बदले, इसराज-सारंगियाँ हुईं, लेकिन अब भी क्या कोचवान मियाँ लोग घोड़े के कुछ बाल लेकर, सकोरे में एक चीरे बाँस का फलाटा लगाकर कँ-कँ, कों-कों करते हुए, 'मेरा मस्त कहरवा' के जाल बुनने का हाल जाहिर नहीं करते?

मेरा मस्त कहरवा जाल बुने रे।
दिन को मारे मछली, रात को बिनै जाल।
ऐसी दिकदारी, हुआ जी का जंजाल॥

बहुत पुराने जमाने के आदमी, यानी सतयुग के जब छोटे से बड़े तक सत्यनिष्ठ थे और ऐसे कि भीतर कुछ और बाहर कुछ और न हो जाए, इस डर से कपड़े भी नहीं पहनते थे; कहीं स्वार्थपरता न समा जाए, इसलिए विवाह नहीं करते थे; और भेद-बुद्धिरहित हो, सब लाठी और ढेलों की मदद से हमेशा परद्रव्येषु लोष्ठवत् समझते थे।

इस तरह गाने इक्के और ताँगेवाले अकसर गाया करते हैं। मध्यदेश में चलकर देखो, अब भी ठोस पहिए ठनक रहे हैं। लेकिन यह है—भोथी बुद्धि का परिचय। खासकर इन रबर-टायर के दिनों में!

बहुत पुराने जमाने के आदमी, यानी सतयुग के जब छोटे से बड़े तक सत्यनिष्ठ थे और ऐसे कि भीतर कुछ और बाहर कुछ और न हो जाए, इस डर से कपड़े भी नहीं पहनते थे; कहीं स्वार्थपरता न समा जाए, इसलिए विवाह नहीं करते थे; और भेद-बुद्धिरहित हो, सब लाठी और ढेलों की मदद से हमेशा परद्रव्येषु लोष्ठवत् समझते थे। उस समय जल-संतरण के विचार से उन लोगों ने पेड़ी के बीच का हिस्सा जलाकर या दो-चार पेड़ियाँ एक साथ बाँधकर 'भेला'

आदि की सृष्टि की। उड़ीसा से कोलंबो तक 'कट्मारण' देखे हैं न? भेला किस तरह समुद्र में भी दूर-दूर तक चली जाती है, देखा तो होगा ही, यही है जनाबमन्—'ऊर्ध्वमूलम्।' (यही है, जहाज का आदि मूल)।

और वह जो बंगाल (पूर्व बंगाल) के माँझियों की नावें हैं, जिन पर चढ़कर दरिया के पाँच पीरों को पुकारना पड़ता है, वह जो चटग्रामी माँझियों के बुनियादी बजरे, जो जरा भी हवा चली कि पतवार का भरोसा छोड़ देते हैं और माँझियों को उनके देवताओं के नाम याद दिलाते हैं, वह जो पछाही नाव है, जिस पर तरह-तरह की रंग-बिरंगी छापें खिंची हुईं, पीतल की दो आँखें लगी हुईं, जिसको माँझी खड़े-खड़े खींचते हैं; वह श्रीमंत सौदागर की नाव (कवि-कंकण के मत से श्रीमंत सौदागर ने डाँड़ों के बल से ही बंग सागर पार किया था; और गलदा चिंडी—मछली कहलानेवाला ज्यादा-से-ज्यादा हाथ भर का एक कीड़ा—की मूँछों से फँसकर, किश्ती एकतरफा होकर डूबने पर आ गई थी आदि) उर्फ गंगासागरी डोंगी—ऊपर बढ़िया छाई हुई, नीचे बाँस का पटाव, भीतर कतार की कतार गंगाजल के बरतन, जिनमें ठंडा गंगाजल भरा है; (तुम लोग गंगासागर जाओ और कड़ाके के उत्तर की हवा के झोंके के कच्चे नारियल पिओ, उनकी साढी और शक्कर खाओ।) और वे डोंगियाँ, जो बाबुओं को ऑफिस ले जातीं और फिर मकान वापस लाती हैं, बाली के माँझी जिनके सरदार हैं, बड़े मजबूत, बड़े उस्ताद, कोन्नगर की तरफ बादल देखा कि लगे किश्ती सँभालने, अब जौनपुरी जवानों के दखल में जा रही हैं। उनकी बोली है—कईला गईला, बाने बानी। उन पर तुम्हारे महंत महाराज का बकासुर पकड़ लाने का हुक्म हुआ तो लोग सोचकर ही हैरान 'ऐ स्वामीनाथ,

और वह जो बंगाल (पूर्व बंगाल) के माँझियों की नावें हैं, जिन पर चढ़कर दरिया के पाँच पीरों को पुकारना पड़ता है, वह जो चटग्रामी माँझियों के बुनियादी बजरे, जो जरा भी हवा चली कि पतवार का भरोसा छोड़ देते हैं और माँझियों को उनके देवताओं के नाम याद दिलाते हैं...

ऐ बकासुर कहा मिलाव, ई तो हम ना जानी।' और वह 'गधाबोट' जो सीधा चलना ही नहीं जानती और वे जो बड़ी नावें हैं—एक से मछलियाँ आदि लादकर लाते हैं, तीन मस्तूलवाली, जिन पर लंका, मालद्वीप या अरब से नारियल, खजूर, सूखी—कहाँ तक कहूँ, ये सब हैं।

अधः शाखा-प्रशाखा

पाल के सहारे जहाज चलाना एक आश्चर्यजनक आविष्कार है। हवा चाहे जिस तरफ हो, जहाज अपने गंतव्य स्थान पर पहुँचेगा ही, लेकिन हवा प्रतिकूल हुई तो कुछ देर होगी। पालवाला जहाज देखने में कैसा सुंदर! दूर से जान पड़ता है, जैसे बहुत से पंखोंवाला कोई पक्षीराज आकाश से उतर रहा हो, लेकिन पालदार जहाज बहुत सीधा नहीं चल सकता। हवा जरा प्रतिकूल होने पर ही उसे तिरछी चाल चलना पड़ता है। परंतु हवा बिल्कुल बंद हुई कि मुश्किल आ पड़ी—पंख समेटे हुए बैठे रहना पड़ता है। महाविषवत् रेखा के निकटवाले देशों में अब भी कभी-कभी ऐसा हुआ करता है। अब पालवाले जहाजों में लकड़ी का लगाव कम कर दिया है, ये लोहे से तैयार होते हैं; पालदार जहाजों की कप्तानी या मल्लाहगीरी करना स्टीमरों की अपेक्षा बहुत ज्यादा मुश्किल है और पालदार जहाजों की काफी जानकारी रहे बिना, कभी अच्छा कप्तान नहीं हो सकता। हर दम पर हवा पहचानना, बहुत दूर से संकट की जगह के लिए होशियार हो जाना, स्टीमरों की अपेक्षा ये दोनों बातें पालवाले जहाजों के लिए आवश्यक हैं।

पाल के सहारे जहाज चलाना एक आश्चर्यजनक आविष्कार है। हवा चाहे जिस तरफ हो, जहाज अपने गंतव्य स्थान पर पहुँचेगा ही, लेकिन हवा प्रतिकूल हुई तो कुछ देर होगी। पालवाला जहाज देखने में कैसा सुंदर! दूर से जान पड़ता है, जैसे बहुत से पंखोंवाला कोई पक्षीराज आकाश से उतर रहा हो, लेकिन पालदार जहाज बहुत सीधा नहीं चल सकता।

स्टीमर बहुत कुछ अपने कब्जे में है, क्षण भर में कल बंद की जा सकती है। सामने-पीछे, आसपास इच्छानुसार थोड़े ही समय में फिराई जा सकती है। पाल-जहाज हवा के हाथ में है। पाल खोलते, बंद करते, पतवार फेरते-फेरते जहाज रेती से लग सकता है, डूबे हुए पहाड़ों के ऊपर चढ़ सकता है या किसी दूसरे जहाज से टक्कर खा सकता है। अब कुलियों को छोड़कर यात्री बहुधा पाल-जहाजों से नहीं जाते। पाल-जहाज अकसर माल ले जाते हैं, वह भी नमक जैसा भूसी माल। छोटे-छोटे पाल-जहाज (जैसे बड़ी नावें आदि) किनारे पर ही व्यवसाय करते हैं।

स्वेज नहर के भीतर से घसीटने के लिए स्टीमर किराए करने में हजारों रुपए टैक्स देने से पाल-जहाज को परता नहीं बैठता। पाल-जहाज की इन सब बाधाओं के कारण उस समय का जल-युद्ध संकट का था। जरा सी हवा इधर-उधर हुई, जरा सा समुद्र का बहाव इधर से उधर हुआ कि हार-जीत हो गई। दूसरे, वे सब जहाज काठ के थे।

स्वेज नहर के भीतर से घसीटने के लिए स्टीमर किराए करने में हजारों रुपए टैक्स देने से पाल-जहाज को परता नहीं बैठता। पाल-जहाज की इन सब बाधाओं के कारण उस समय का जल-युद्ध संकट का था। जरा सी हवा इधर-उधर हुई, जरा सा समुद्र का बहाव इधर से उधर हुआ कि हार-जीत हो गई। दूसरे, वे सब जहाज काठ के थे। लड़ाई के समय लगता, आग लगती थी और वह आग बुझानी पड़ती थी। उन जहाजों की गढ़न भी एक दूसरी तरह की थी। एक तरफ चपटा था और बहुत ऊँचा, पाँच मंजिला, छह मंजिला। जिस तरफ चपटा था, उसी के ऊपर के मंजिल में काठ का एक बरामदा निकला रहता था। उसी के सामने कमांडर की बैठक होती थी, अगल-बगल अफसरों की जगहें। इसके बाद एक बड़ी सी छत, ऊपर खुली हुई छत की दूसरी ओर फिर दो-चार कमरे, नीचे की मंजिल में भी उसी तरह की ढकी दालान और उसके नीचे भी एक दालान; उसके नीचे दालान और

मल्लाहों के सोने की जगह, खाने की जगह आदि-आदि।

ऊपरी मंजिल की दालान की दोनों ओर तोपें थीं, कतार-की-कतार दीवारें कटी हुई (तोप के मुँह के आकार), उनके भीतर से तोप थीं, दोनों तरफ राशि-राशि गोले (और लड़ाई के समय बारूद के थैले)। तब के लड़ाईवाले जहाजों का हर एक मंजिला बहुत नीचा हुआ करता था; सिर झुकाकर चलना पड़ता था। उस समय जहाज पर लड़नेवालों को संग्रह करने में कष्ट भी बहुत होता था। सरकार की आज्ञा थी कि जहाँ से हो सके, धर-पकड़कर या भुलावा देकर आदमी ले जाओ। माता के पास से लड़के को, स्त्री के पास से पति को जबरन छीन ले जाते थे। किसी तरह जहाज पर ले आया गया कि मतलब गठ गया! इसके बाद चाहे बेचारा कभी जहाज पर न चढ़ा हो; तत्काल आज्ञा मिली, मस्तूल पर चढ़ो। हुक्म तामील न किया कि चाबुक! कितने ही मर भी जाते थे। कानून बनाया अमीरों ने, देश-देशांतरों का व्यवसाय, लूटपाट, राज्य भोग करेंगे वे लोग और गरीबों के लिए सिर्फ खून बहाना और जान देना, जो हमेशा से इन दुनिया में होता आया! अब वे सब कानून नहीं हैं, अब 'प्रेस गैंग' के नाम से बेचारे किसानों का कलेजा नहीं दहल उठता, अब पसंद का सौदा है, परंतु हाँ, बहुत से चोर-लंपट-उठाईगीर लड़कों को जेल न भेजकर इन लड़ाई के जहाजों में नाविक का काम सिखलाया जाता है।

ऊपरी मंजिल की दालान की दोनों ओर तोपें थीं, कतार-की-कतार दीवारें कटी हुई (तोप के मुँह के आकार), उनके भीतर से तोप थीं, दोनों तरफ राशि-राशि गोले (और लड़ाई के समय बारूद के थैले)। तब के लड़ाईवाले जहाजों का हर एक मंजिला बहुत नीचा हुआ करता था; सिर झुकाकर चलना पड़ता था।

वाष्प-बल ने यह भी बहुत कुछ बदल डाला है। अब जहाज के लिए पाल अनावश्यक सा है। हवा के सहारे की बहुत कम जरूरत रह गई है। आँधी और झकोरों का डर भी बहुत कम है। सिर्फ जहाज पहाड़-पर्वतों से

न टकराए, इतना ही बचाना पड़ता है। लड़ाई के जहाज तो पहले के हालात से बिल्कुल भिन्न हो गए हैं। देखकर समझ में आता ही नहीं कि ये जहाज हैं या छोटे-बड़े तैरते हुए लोहे के किले! तोपों भी संख्या में बहुत घट गई है, लेकिन इस समय की तोपों के नजदीक वे पुरानी तोपों खिलवाड़ ही ठहरेंगी। और लड़ाई के जहाजों की गति भी कैसी! सबसे जो छोटे हैं, वे सिर्फ 'टारपीडो' छोड़ने के लिए। उनसे कुछ बड़े जो हैं, वे हैं—दुश्मनों के मालदार जहाजों पर दखल जमाने के लिए और बड़े-बड़े हैं—विराट् युद्ध के आयोजन के लिए।

संयुक्त राज्य अमेरिका की सिविल वॉर (स्वाधीनता समर) के समय, संयुक्त राज्यवालों ने काठ के एक जंगी जहाज के किनारे लोहे की कुछ रेलें कतार-की-कतार बाँधकर छा दी थीं। विपक्षियों के गोले उससे लगकर लौट जाने लगे, जहाज का कुछ विशेष न बिगाड़ सका। तब उसी उद्‌देश्य से तमाम जहाज लोहे से मढ़े जाने लगे, ताकि दुश्मनों के गोले काठ पार न कर सकें। इधर जहाजी तोपों की तालीम भी बढ़ चली। एक से एक बड़ी तोपें; जिससे फिर तोपों को हाथ से न सरकाना हो, न हटाना, ठासना या दागना—सब कल से हो जाए; पाँच सौ आदमी जिसे जरा भी नहीं हिला सकते, ऐसी तोप को अब एक छोटा सा लड़का कल दबाकर इच्छानुसार मुँह फेर रहा है, उतारता, ठासता—भरता और दागता है, और यह भी एक पल में।

संयुक्त राज्य अमेरिका की सिविल वॉर (स्वाधीनता समर) के समय, संयुक्त राज्यवालों ने काठ के एक जंगी जहाज के किनारे लोहे की कुछ रेलें कतार-की-कतार बाँधकर छा दी थीं। विपक्षियों के गोले उससे लगकर लौट जाने लगे, जहाज का कुछ विशेष न बिगाड़ सका। तब उसी उद्‌देश्य से तमाम जहाज लोहे से मढ़े जाने लगे, ताकि दुश्मनों के गोले काठ पार न कर सकें।

जहाजों की लोहे की दीवारें जिस क्रम से मोटी हो चलीं, उसी क्रम से वज्रभेदी तोपों की भी सृष्टि बढ़ चली। अब जहाज है—इस्पात की दीवारवाला

किला, और तोप है—यमराज का छोटा भाई! एक ही गोले की चोट से कितने ही बड़े जहाज क्यों न हों, फूट-फूटकर नष्ट! खैर, यह 'लोहे का वासर घर है', जिसका खयाल 'लखिंदर के बाप' (बांग्ला कहानी में एक पात्र) को स्वप्न में भी न आया था, और जो 'सताली पर्वत' पर न जमकर सत्तर हजार पहाड़ी लहरों के सिर पर नाचता-फिरता है; ये जनाबेमन भी 'टारपीडो' के डर से चौकन्ने रहा करते हैं। वे हैं—कुछ-कुछ चुरुट के चेहरे के एक तल। इन्हें सड़ से छोड़ देने पर ये पानी में मछली की तरह डूबे हुए चले जाते हैं। इसके बाद जहाँ लगने का हुआ, वहाँ ज्योंही धक्का लगा कि उसी वक्त उसके भीतर से अनेक महाविस्तारशील पदार्थों की विकट आवाज और विस्फारण, साथ-ही-साथ जिस जहाज के नीचे यह कीर्ति होती है, उनका 'पुनर्मूषिको भव', अर्थात् लोहत्व में कुछ, काष्ठ-कूटत्व में कुछ और बाकी का धूमत्व और अग्नित्व में परिणमन!

वे आदमी, जो लोक इस 'टारपीडो' फटने के सामने पड़ जाते हैं, उनका जो कुछ अंश खोजने से मिलता है, वह प्रायः 'कीमा' की हालत में। ये सब जंगी जहाज जब से हुए, तब से और ज्यादा जल-युद्ध नहीं हुए।

वे आदमी, जो लोक इस 'टारपीडो' फटने के सामने पड़ जाते हैं, उनका जो कुछ अंश खोजने से मिलता है, वह प्रायः 'कीमा' की हालत में। ये सब जंगी जहाज जब से हुए, तब से और ज्यादा जल-युद्ध नहीं हुए। दो ही एक लड़ाइयाँ हुईं कि एक बड़ा जंग फतह या हमेशा के लिए हार, परंतु ऐसे जहाज लेकर, लड़ाई होने के पहले, लोग जैसा सोचते थे कि उभय पक्षों का कोई नहीं बचेगा और बिल्कुल सब उड़ जाएँगे, जल जाएँगे, इतना कुछ नहीं होता।

मैदाने जंग में तोप-बंदूकों से दोनों पक्षों पर जिस मूसलधार से गोले-गोलियाँ छूटती हैं, उसका एक हिस्सा भी अगर निशाने पर बैठ जाए, तो दोनों तरफ की फौजें दो मिनट में सफाचट हो जाएँ। उसी तरह दरियाई जंग के जहाजी गोले अगर 500 आवाजों में एक भी वार करते तो जहाजों का नामोनिशान तक न रह जाता। आश्चर्य तो यह है कि तोपें जितना उत्कर्ष कर

रही हैं, बंदूकें जितनी हल्की हो रही हैं, जितने नालों की किरकिरों के प्रकार हो रहे हैं, जितनी दूरी बढ़ रही है, जितने भरने-ठोसने के कल-कब्जे बन रहे हैं, जितनी जल्दी आवाज होती है, उतनी ही गोलियाँ मानो व्यर्थ जाती हैं।

पुराने ढंग का पाँच हाथ लंबा तोड़ादार 'जजल' (बंदूक), जिसे दुपाए काठ पर रखकर दागना पड़ता है और फूँक-फाँककर आग लगा देनी पड़ती है, उसी की मदद से बरखजाई, आफ्रीदी आदमी, अचूक-निशान होते हैं और आजकल की तालीम-याफ्ता फौज अनेक किस्म के कल-कारखानेवाली बंदूकें लेकर एक मिनट में 150 आवाज करने पर भी सिर्फ हवा भर गरम कर पाती है। थोड़े-थोड़े कल-पुर्जे अच्छे होते हैं। बहुत से कल-पुर्जे आदमी को अक्ल का दुश्मन बना देते हैं—जड़ पिंड तैयार करते हैं। कल-कारखानों में आदमी दिन-पर-दिन, रात-पर-रात, साल-पर-साल एक ही ढर्रे का काम करते हैं—एक-एक दल, एक-एक चीज का सिर्फ एक टुकड़ा गढ़ रहा है। पिनों का सिरा ही गढ़ा जा रहा है, सूत की जुड़ाई ही चल रही है, ताँत के साथ आगा-पीछा ही हो रहा है जिंदगी भर से। फल है, उस काम को खोया कि सर्वनाश—भोजन तक नहीं मिलता! जड़ की तरह इक-ढर्रा काम करते-करते जड़वत् हो जाते हैं।

पुराने ढंग का पाँच हाथ लंबा तोड़ादार 'जजल' (बंदूक), जिसे दुपाए काठ पर रखकर दागना पड़ता है और फूँक-फाँककर आग लगा देनी पड़ती है, उसी की मदद से बरखजाई, आफ्रीदी आदमी, अचूक-निशान होते हैं और आजकल की तालीम-याफ्ता फौज अनेक किस्म के कल-कारखानेवाली बंदूकें लेकर एक मिनट में 150 आवाज करने पर भी सिर्फ हवा भर गरम कर पाती है।

व्यवसायवाले जहाजों की गढ़न दूसरी तरह की होती है। यद्यपि कोई-कोई व्यवसायी जहाज इस ढंग के बने होते हैं कि लड़ाई के समय थोड़ी मेहनत से ही दो तोपें बैठाकर अन्यान्य निरस्त्र पण्य-पोतों को खदेड़-खदाड़ सकते हैं और इसके लिए अन्य सरकारों से मदद पाते हैं; तथापि साधारणतः

इन सब में जंगी जहाजों से बड़ा फर्क होता है। ये सब जहाज प्रायः इस समय वाष्पपोत हैं और प्रायः इतने बड़े इतने महँगे होते हैं कि किसी कंपनी को छोड़कर अकेले किसी के जहाज हैं ही नहीं, ऐसा कहना चाहिए। हमारे देश के व्यवसाय में पी. ऐंड ओ. कंपनी सबसे प्राचीन और धनी है; इसके बाद है, बी.आई.एस.एन. कंपनी तथा और भी बहुत सी अन्य कंपनियाँ। दूसरी सरकारों में मेसाजरी मारीतीम (फ्रांसीसी), आस्ट्रिया लॉयड, जर्मन लॉयड, और रुबाटिनो कंपनियाँ (इटैलियन) बहुत प्रसिद्ध हैं। इनमें पी. ऐंड ओ. कंपनी के यात्री-जहाज औरों की अपेक्षा निरापद और शीघ्रगामी हैं—लोगों की ऐसी धारणा है। मेसाजरी में खाने-पीने की बड़ी सुविधा है।

इस बार हम लोग जब आए, तब उन दोनों कंपनियों ने प्लेग के डर से काले आदमियों को लेना बंद कर दिया था और हमारी सरकार का कानून है कि कोई भी काला आदमी एमीग्रेंट ऑफिस के सर्टिफिकेट बिना बाहर न जाए अर्थात् मैं अपनी ही इच्छा से विदेश जा रहा हूँ, कोई मुझे भुलावा देकर कहीं बेचने के लिए या कुली बनाने के लिए नहीं ले जा रहा है, यह जब उन्होंने लिख दिया, तब जहाज पर मुझे लिया गया।

इस बार हम लोग जब आए, तब उन दोनों कंपनियों ने प्लेग के डर से काले आदमियों को लेना बंद कर दिया था और हमारी सरकार का कानून है कि कोई भी काला आदमी एमीग्रेंट ऑफिस के सर्टिफिकेट बिना बाहर न जाए अर्थात् मैं अपनी ही इच्छा से विदेश जा रहा हूँ, कोई मुझे भुलावा देकर कहीं बेचने के लिए या कुली बनाने के लिए नहीं ले जा रहा है, यह जब उन्होंने लिख दिया, तब जहाज पर मुझे लिया गया। यह कानून इतने दिनों तक भले आदमियों के विदेश जाने के हक में चुपचाप था; इस वक्त प्लेग के डर से जग उठा है, अर्थात् जो कोई 'नेटिव' बाहर जाए, उसकी खबर सरकार को मिलती रहे। हम लोग अपने देश में सुनते रहते हैं कि हमारे भीतर अमुक भली जात है, अमुक छोटी जात। सरकार की निगाह में सब 'नेटिव' हैं। महाराजा, राजा, ब्राह्मण,

क्षत्रिय, वैश्व, शूद्र—सब एक जात हैं—'नेटिव'। कुलियों के कानून, कुलियों की जो परीक्षाएँ हैं, वे सभी नेटिव के लिए हैं। धन्य हो अंग्रेज सरकार। कम-से-कम एक क्षण के लिए जो तुम्हारी कृपा से सब 'नेटिवों' के साथ समत्व का बोध किया। खासतौर से कायस्थ-कुल में इस शरीर की पैदाइश होने के कारण मैं तो चोरी के इल्जाम में पकड़ा गया हूँ। अब सब जातियों में मुख से सुन रहा हूँ कि वे सब पक्के आर्य हैं। सिर्फ एक-दूसरे में मतभेद है—कोई चार पाव आर्य है, कोई एक छटाँक कम, कोई आधा कच्चा, फिर भी हमारी कलमुँही जात से बड़े हैं। इसमें एक राय है! और सुनता हूँ, वे लोग और अंग्रेज शायद एक जात हैं—मौसेरे भाई, वे लोग काले आदमी नहीं हैं। अंग्रेजों की तरह इस देश पर दया करके आए हैं और बाल-विवाह, बहुविवाह, मूर्ति-पूजन, सतीदाह, जनाना-पर्दा आदि-आदि ये सब उनके धर्म में बिल्कुल नहीं हैं। यह सब उन कायस्थों-फायस्थों के बाप-दादों ने किया है तथा उनका धर्म ठीक अंग्रेजों के धर्म की तरह है। उनके बाप-दादे ठीक अंग्रेजों की तरह थे; सिर्फ धूप में चक्कर काटते-काटते काले पड़ गए।

कुलियों के कानून, कुलियों की जो परीक्षाएँ हैं, वे सभी नेटिव के लिए हैं। धन्य हो अंग्रेज सरकार। कम-से-कम एक क्षण के लिए जो तुम्हारी कृपा से सब 'नेटिवों' के साथ समत्व का बोध किया। खासतौर से कायस्थ-कुल में इस शरीर की पैदाइश होने के कारण मैं तो चोरी के इल्जाम में पकड़ा गया हूँ।

अब आओ न बढ़कर! सब 'नेटिव' हैं, सरकार कहती है। इन कालों में फिर थोड़ी-बहुत कमीबेशी नहीं समझी जाती; सरकार कहती है—सब 'नेटिव' हैं। बन-ठनकर बैठे रहने से क्या होगा, कहो? और वह टोप-टाप लगाने से क्या होगा, बताओ? जितना दोष है, सब हिंदुओं के कंधे डालकर साहबों से सटकर और खड़े होने जाओ, झाड़ू-लात की चोट ज्यादा के सिवा कम नहीं होगी! धन्य हो अंग्रेज-राज! तुम्हें दूध-पूतो लक्ष्मी तो मिली ही है,

और मिले, और मिले। हम सिर्फ कौपीन और धोती का पंचा पहनकर जिएँ। तुम्हारी कृपा से, खुले सिर, नंगे पाँव देश-देशांतरों में चला जाता हूँ। तुम्हारी दया से सपासप दाल-भात खाता हूँ, देशी साहबी ने लुभाया था, और क्या? भोगाया था, और क्या? देशी कपड़े छोड़ने से और देशी चाल-चलन छोड़ने से ही, सुना था—अंग्रेज राजा सिर पर चढ़ाकर नाचेंगे। करने भी चला था और क्या! ऐसे वक्त गोरे पैरों की सबूट-लातों का घमासान, चाबुक की सटासट, भाग-भाग। साहबी की जरूरत नहीं, 'नेटिव' अहमक!

था सिखा सब साहबाना ठाट जो,
हो रहा बूटों के नीचे ठाट वह।

धन्य है अंग्रेज सरकार! तुम्हारा तख्तो-ताज बरकरार रहे। और जो कुछ साहब होने की साध थी, मिटा दी अमेरिकी प्रभुओं ने। दाढ़ी की खुजली से बेचैनी बढ़ी हुई, लेकिन नाई की दुकान में घुसने के साथ ही आवाज आई—"यह चेहरा यहाँ नहीं चलेगा।" मैंने सोचा, शायद सिर का पग्गड़ और शरीर पर यह अजीब गेरुआ अँचला देखकर नाई को पसंद नहीं आया। अच्छा तो एक अंग्रेजी कोट और टोप खरीद लाऊँ। लाने ही को था कि किस्मत से एक भले अमेरिकी से मुलाकात हो गई; उसने समझा दिया कि फिर भी यह अँचला अच्छा है, भले आदमी कुछ नहीं कहेंगे, परंतु यूरोपियन पोशाक पहनने से आफत होगी। सब लोग खदेड़ेंगे। और भी दो-एक नाइयों ने उसी तरह रास्ता बता दिया। अब अपने हाथ मोड़ना शुरू किया। भूखों आँतें ऐंठ

"यह चेहरा यहाँ नहीं चलेगा।" मैंने सोचा, शायद सिर का पग्गड़ और शरीर पर यह अजीब गेरुआ अँचला देखकर नाई को पसंद नहीं आया। अच्छा तो एक अंग्रेजी कोट और टोप खरीद लाऊँ। लाने ही को था कि किस्मत से एक भले अमेरिकी से मुलाकात हो गई; उसने समझा दिया कि फिर भी यह अँचला अच्छा है, भले आदमी कुछ नहीं कहेंगे, परंतु यूरोपियन पोशाक पहनने से आफत होगी।

रही थीं, तब मैं एक हलवाई की दुकान पर गया और कोई चीज माँगी, पर उसने कहा, "नहीं है।"

"वह है तो।"

"बाबाजी, सीधी भाषा यह है कि तुम्हारे लिए यहाँ बैठकर खाने की जगह नहीं है।"

"क्यों, बच्चाजी?"

"तुम्हारे साथ जो खाएगा, उसकी जात जाएगी।"

तब बहुत कुछ अमेरिका भी अपने देश की तरह अच्छा लगने लगा। हटाओ झमेला। स्याह और सफेद का, और इन 'नेटिवों' के बीच, उनमें पाँच पाव आर्य खून है। इनमें चार पाव, उनमें डेढ छटाँक कम, इनमें आधी छटाँक अध-कच्चा आदि-आदि। 'छछूँदर का गुलाम चमगादड़। उसकी तनख्वाह साढ़े तीन रुपया।'

तब बहुत कुछ अमेरिका भी अपने देश की तरह अच्छा लगने लगा। हटाओ झमेला। स्याह और सफेद का, और इन 'नेटिवों' के बीच, उनमें पाँच पाव आर्य खून है। इनमें चार पाव, उनमें डेढ छटाँक कम, इनमें आधी छटाँक अध-कच्चा आदि-आदि। 'छछूँदर का गुलाम चमगादड़। उसकी तनख्वाह साढ़े तीन रुपया।'

एक डोम कहा करता था, "हमसे बड़ी जात दुनिया में कोई है भी? हम लोग हैं डो-ओ-ओ-म्।" लेकिन मजा भी देखा? जात के नखरे, जहाँ गाँववाले नहीं मानते, वहाँ भी आप सरपंच बने हुए हैं।

वाष्प-पोत वायु-पोत की अपेक्षा बहुत बड़ा होता है। जो सब वाष्प-पोत अटलांटिक पार करते हैं, वे सब एक-एक हमारे इस गोलकुंडा (एक जहाज का नाम। इस जहाज द्वारा स्वामीजी ने द्वितीय बार विलायत की यात्रा की थी) जहाज के ठीक ड्योढ़े हैं। जिस जहाज द्वारा जापान से प्रशांत पार किया गया था, वह भी बहुत बड़ा था। बहुत बड़े-बड़े जहाजों में बीच में रहती है पहली श्रेणी, दोनों ओर कुछ खाली जगह, उसके बाद दूसरी श्रेणी

और 'स्टीयरेज' इधर-उधर। एक हद में खलासियों और नौकरों के रहने की जगह होती है। 'स्टीयरेज' जैसे तीसरी श्रेणी हो, उसमें वही लोग जाते हैं, जो बहुत गरीब हैं, जो अमेरिका, ऑस्ट्रेलिया आदि देशों में उपनिवेश स्थापित करने जा रहे हैं। उनके रहने की जगह बहुत थोड़ी है और हाथ ही पर उन्हें खाने को दिया जाता है। वे सब जहाज जो हिंदुस्तान और विलायत के बीच आते-जाते हैं, उनमें 'स्टीयरेज' नहीं है, परंतु डेक-यात्री हैं। पहले और दूसरे दर्जे के बीच खुली जगह है। वहीं वे लोग बैठते हैं और सोते हैं, लेकिन दूर की यात्रा करनेवाला ऐसा एक भी यात्री मुझे नहीं मिला। सिर्फ 1892 ईसवी में चीन जाने के समय बंबई से कुछ चीनी लोग बराबर हांगकांग तक डेक पर गए थे।

तूफान उठने पर डेक के यात्रियों को बड़ी तकलीफ होती है और कुछ तकलीफ बंदर में माल उतारने के समय। सिर्फ ऊपर के 'हैरीकेन' डेक को छोड़कर और सब डेकों पर एक बड़ा सा चौकोर कटाव रहता है। उसी के बीच से माल उतारते और चढ़ाते हैं, उसी समय डेक यात्रियों को थोड़ी सी तकलीफ होती है।

तूफान उठने पर डेक के यात्रियों को बड़ी तकलीफ होती है और कुछ तकलीफ बंदर में माल उतारने के समय। सिर्फ ऊपर के 'हैरीकेन' डेक को छोड़कर और सब डेकों पर एक बड़ा सा चौकोर कटाव रहता है। उसी के बीच से माल उतारते और चढ़ाते हैं, उसी समय डेक यात्रियों को थोड़ी सी तकलीफ होती है। नहीं तो कलकत्ता से स्वेज तक और गरमी के दिनों में यूरोप में भी डेक पर बड़ा आराम रहता है। जब पहले और दूसरे दर्जे के यात्री अपने सजे-सजाए हुए कमरे के अंदर गरमी के मारे मोम की तसवीर से खिंचे रहते हैं, उस समय डेक जैसे स्वर्ग बन रहा हो।

इन सब जहाजों का दूसरा दर्जा बड़ा ही वाहियात रहता है। सिर्फ एक नई जर्मन लॉयड कंपनी बनी है, जो जर्मनी के बर्गेन नामक शहर से ऑस्ट्रेलिया जाती है, उसका दूसरा दर्जा बड़ा सुंदर है, यहाँ तक कि 'हैरिकेन'

के डेक में भी कमरे हैं और खाने-पीने का इंतजाम करीब-करीब 'गोलकुंडा' के पहले दर्जे की तरह। वह लाइन कोलंबो छूती हुई जाती है। इस 'गोलकुंडा' जहाज के 'हैरिकेन' डेक पर सिर्फ दो कमरे हैं—एक इस तरफ, एक उस तरफ। एक में डॉक्टर रहते हैं, एक हम लोगों को मिला था, लेकिन गरमी के डर से हम लोग नीचेवाली मंजिल में भाग आए। यह कमरा जहाज के इंजन के ऊपर है। जहाज लोहे का होने पर भी यात्रियों के कमरे काठ के हैं। ऊपर-नीचे, उन काठ की दीवारों से वायु-संचार होते रहने के लिए बहुत से छिद्र कर दिए गए हैं। दीवारों में 'आइवरी पेंट' लगा हुआ है। एक-एक कमरे में इसके लिए करीब-करीब पच्चीस पौंड खर्च पड़ा है। कमरे के भीतर एक छोटा सा कारपेट बिछा हुआ है। एक दीवार से बिना पाये की दो लोहे की खाटें जैसी सटाकर जड़ दी गई हैं, एक के ऊपर और एक। दूसरी दीवार से भी एक वैसा ही 'सोफा' जड़ा हुआ है। दरवाजे के ठीक उल्टी तरफ हाथ धोने की जगह है। उसके ऊपर एक आईना, दो बोतलें और पानी पीने के दो गिलास। हर बिछौने के भीतरी तरफ एक-एक लंबा जाल पीतल के फ्रेम से लगा हुआ है, वह जाल फ्रेम के साथ दीवाल के अंदर चला जाता है और खींचने से फिर उतर आता है रात को यात्री लोग अपनी घड़ी आदि जरूरी चीजें उसमें रखकर सोते हैं। बिछौने के नीचे संदूक-पिटारे आदि के रखने की जगह है। सेकंड क्लास का ढाँचा भी यही है, सिर्फ जगह संकीर्ण है और चीजें व्यर्थ की। जहाजी कारोबार पर प्राय: अंग्रेजों का एकाधिकार हो गया है, इसलिए और-और जातियों ने जो भी जहाज तैयार किए हैं, उनमें भी चूँकि अंग्रेज यात्रियों की संख्या अधिक होती है, इसलिए खानपान का समय अलग-अलग है। जैसे हमारे भारत में बंगाल, उत्तर प्रदेश, महाराष्ट्र, गुजरात

एक दीवार से बिना पाये की दो लोहे की खाटें जैसी सटाकर जड़ दी गई हैं, एक के ऊपर और एक। दूसरी दीवार से भी एक वैसा ही 'सोफा' जड़ा हुआ है। दरवाजे के ठीक उल्टी तरफ हाथ धोने की जगह है। उसके ऊपर एक आईना, दो बोतलें और पानी पीने के दो गिलास।

तथा मद्रास आदि में है, परंतु वहाँ यह सब कम दिखाई पड़ता है। अंग्रेजी बोलनेवाले यात्रियों की बढ़ती संख्या के साथ ही अंग्रेजी ढंग भी बढ़ते जा रहे हैं।

वाष्प-पोत के सर्वेसर्वा मालिक हैं—कप्तान। पहले 'हाई सी' (जहाँ समुद्र का किनारा नहीं सूझता या जहाँ से नजदीक का किनारा कम-से-कम दो-तीन दिन की राह है) में कप्तान लोग जहाज पर राज करते थे, किसी को भी पकड़कर सजा दे देते थे, डाकुओं को पकड़कर फाँसी तक पर चढ़ा देते थे, पर अब इतना नहीं रहा; परंतु जहाज पर उनका हुक्म ही कानून है। उनके नीचे चार 'अफसर' हैं, जिन्हें देशी नाम से 'मालिक' कहते हैं। उनके बाद चार-पाँच इंजीनियर हैं। इनमें जो 'चीफ' है, उनका ओहदा अफसर के मुकाबले का है। वह पहले दर्जे में खाना खाता है। उसके अलावा और हैं चार-पाँच—'सुकानी', जो बारी-बारी से पतवार पकड़े रहते हैं। ये लोग यूरोपियन हैं। बाकी सब नौकर-चाकर, खलासी, कोयला झोंकनेवाले देशी लोग ही हैं—सभी मुसलमान। हिंदू सिर्फ बंबई की तरफ मिले थे, पी. ऐंड ओ. कंपनी के जहाज में। नौकर, खलासी कलकत्ता के, कोयला झोंकनेवाले पूर्व बंग के, बावर्ची भी पूर्व बंग के कैथोलिक क्रिश्चियन हैं और हैं चार मेहतर। कमरे से गंदा पानी आदि मेहतर साफ करते हैं। नहाने का इंतजाम और पाखाना आदि ठीक रखना भी उन्हीं के जिम्मे है। मुसलमान नौकर-खलासी लोग क्रिस्तानों का पकाया नहीं खाते; इसके अलावा जहाज पर सूअर का रोजाना इंतजाम तो है ही, किंतु वे बहुत

वाष्प-पोत के सर्वेसर्वा मालिक हैं—कप्तान। पहले 'हाई सी' (जहाँ समुद्र का किनारा नहीं सूझता या जहाँ से नजदीक का किनारा कम-से-कम दो-तीन दिन की राह है) में कप्तान लोग जहाज पर राज करते थे, किसी को भी पकड़कर सजा दे देते थे, डाकुओं को पकड़कर फाँसी तक पर चढ़ा देते थे, पर अब इतना नहीं रहा; परंतु जहाज पर उनका हुक्म ही कानून है।

कुछ आँख की आड़ में कर डालते हैं। जहाज के बावर्चीखाने की बनी रोटियाँ आदि लोग मजे में खा लेते हैं और जो कलकतिये नौकर नई रोशनी पा चुके हैं। वे लोग परदे की ओट में खाने-पीने का विचार नहीं रखते। मजदूरों के तीन 'मेस' हैं—एक चाकरों का, एक खलासियों का, एक कोयला झोंकनेवालों का। प्रत्येक 'मेस' को एक भंडारी और रसोइया कंपनी देती है। हर 'मेस' के खाना पकाने की एक जगह है। कलकत्ता से कुछ हिंदू डेक-यात्री कोलंबो जा रहे थे। वे लोग उसी कमरे में नौकरों का भोजन पक जाने पर अपना भोजन पका लिया करते थे। नौकर लोग पानी भी खुद ही भरकर पीते हैं। हर डेक में दीवार के दोनों तरफ दो पंप हैं; एक खारे पानी का, दूसरा मीठे का। वहाँ से मीठा जल भरकर मुसलमान लोग इस्तेमाल करते हैं। जिन हिंदुओं को कल के पानी से कोई ऐतराज नहीं है, उनके लिए खाने-पीने का संपूर्ण विचार रखकर इन सभी जहाजों पर विलायत आदि देशों में जाना बहुत सीधा है। भोजन पकाने का घर मिलता है, किसी का छुआ पानी नहीं पीना पड़ता, नहाने का पानी भी किसी दूसरी जाति के छूने की जरूरत नहीं रह जाती। चावल, दाल, शाक-पात, मछली, दूध, घी—सभी कुछ जहाज पर मिलता है। खासकर, इन सब जहाजों में देशी आदमियों के काम करने के कारण दाल, चावल, मूली, गोभी, आलू आदि हर रोज उनके लिए निकाल देना पड़ता है। चाहिए सिर्फ 'पैसा'। पैसा रहने से कुल आचार-विचार रखकर भी यात्रा की जा सकती है।

कलकत्ता से कुछ हिंदू डेक-यात्री कोलंबो जा रहे थे। वे लोग उसी कमरे में नौकरों का भोजन पक जाने पर अपना भोजन पका लिया करते थे। नौकर लोग पानी भी खुद ही भरकर पीते हैं। हर डेक में दीवार के दोनों तरफ दो पंप हैं; एक खारे पानी का, दूसरा मीठे का। वहाँ से मीठा जल भरकर मुसलमान लोग इस्तेमाल करते हैं।

ये सब बंगाली नौकर आजकल प्राय: उन सभी जहाजों पर रहते हैं, जो कलकत्ता से यूरोप जाते हैं। क्रमशः इनकी एक जाति तैयार हो रही है। कुछ

जहाजी पारिभाषिक शब्दों की भी सृष्टि हो रही है। कप्तान को ये लोग कहते हैं—'बाड़ीवाला', अफसर को—'मालिक', मस्तूल को—'डोल', पाल को—'सड़', उतारो—'आरिया', उठाओ—'हाबिस' आदि।

खलासियों और कोयलेवालों में एक आदमी सरदार रहता है, उसे 'सारंग' कहते हैं। उनके नीचे दो-तीन 'टंडेल', इसके बाद खलासी या कोयलेवाला।

खानसामा लोगों के सरदार को 'बटलर' कहते हैं। उसके ऊपर एक आदमी गोरा, 'स्टूअर्ड' होता है। खलासी लोग जहाज धोना-पोंछना, रस्सी फेंकना-उठाना, नाव उतारना-चढ़ाना, पाल गिराना-उठाना (यद्यपि वाष्प-पोतों में यह काम यदा-कदा होता है) आदि काम करते हैं। सारंग और टंडेल सदा ही साथ-साथ फिरते और काम करते हैं। कोयलेवाले इंजन-घर में आग ठीक रखते हैं; उनका काम दिन-रात आग से लड़ते रहना और इंजन को पोंछकर साफ रखना है। वह विराट् इंजन और उसकी शाखा-प्रशाखाएँ साफ रखना कोई साधारण काम है? 'सारंग' और उसका 'भाई' असिस्टेंट 'सारंग' कलकत्ता के आदमी हैं, बांग्ला बोलते हैं, बहुत कुछ भले आदमियों की तरह ही लिख-पढ़ सकते हैं। काम चलाने भर की अंग्रेजी भी बोल लेते हैं। 'सारंग' का तेरह साल का लड़का कप्तान का नौकर है। दरवाजे पर रहता है, अर्दली है। इन सब बंगाली खलासी, कोयलेवाले, खानसामे आदि का काम देखकर स्वजाति पर जो एक निराशा का भाव था, वह बहुत कुछ घट गया है। ये लोग कैसे धीरे-धीरे आदमी बन रहे हैं, कैसे तंदुरुस्त, कैसे निडर फिर भी शांत?

खानसामा लोगों के सरदार को 'बटलर' कहते हैं। उसके ऊपर एक आदमी गोरा, 'स्टूअर्ड' होता है। खलासी लोग जहाज धोना-पोंछना, रस्सी फेंकना-उठाना, नाव उतारना-चढ़ाना, पाल गिराना-उठाना (यद्यपि वाष्प-पोतों में यह काम यदा-कदा होता है) आदि काम करते हैं। सारंग और टंडेल सदा ही साथ-साथ फिरते और काम करते हैं।

वह नेटिवी पैरपोशी का भाव मेहतरों में भी नहीं, कैसा परिवर्तन!

देशी मल्लाह लोग जो काम करते हैं, वह बहुत अच्छा है। जबान पर एक बात भी नहीं, पर उधर तनख्वाह गोरों की चौथाई। विलायत में बहुतेरे असंतुष्ट हैं, खासकर इसलिए कि बहुत से गोरों की रोटियाँ जाती हैं। वे लोग कभी-कभी शोर मचाते हैं। कहने को तो और कुछ है नहीं, क्योंकि काम में ये गोरों से फुर्तीले होते हैं, परंतु कहते हैं, तूफान उठने पर, जहाज के विपत्ति में पड़ने पर इनमें हिम्मत नहीं रहती। सीता राम सीता! वास्तविक विपत्ति के समय गोरे भय से शराब पीकर, जकड़कर निकम्मे हो जाते हैं। देशी खलासियों ने एक बूँद भी शराब जिंदगी भर नहीं पी और अब तक किसी महाविपत्ति के अवसर पर एक आदमी ने भी कायरता नहीं दिखाई। अजी, देशी सिपाही भी कभी कायरता दिखलाता है! परंतु नेता चाहिए। जनरल स्ट्रांग नाम के एक अंग्रेज मित्र सिपाही-विद्रोह के समय इस देश में थे। वे गदर की कहानी बहुत कहते थे। एक दिन बातों-ही-बातों में पूछा गया कि सिपाहियों के साथ इतनी तोप, बारूद, रसद थी और वे शिक्षित तथा दूरदर्शी थे। फिर वे इस तरह क्यों हारकर भागे? उन्होंने उत्तर दिया, "उसमें जो लोग नेता थे, वे सब बहुत पीछे से 'मारो बहादुर', 'लड़ो बहादुर' कह-कहकर चिल्ला रहे थे! स्वयं अफसर के आगे बढ़े बिना तथा मौत का सामना किए बिना कहीं सिपाही लड़ते हैं? सब काम में ऐसा ही हाल है। 'सिर दार तो सरदार', सिर दे सको तो नेता हो। हम सब लोग धोखा देकर नेता होना चाहते

देशी मल्लाह लोग जो काम करते हैं, वह बहुत अच्छा है। जबान पर एक बात भी नहीं, पर उधर तनख्वाह गोरों की चौथाई। विलायत में बहुतेरे असंतुष्ट हैं, खासकर इसलिए कि बहुत से गोरों की रोटियाँ जाती हैं। वे लोग कभी-कभी शोर मचाते हैं। कहने को तो और कुछ है नहीं, क्योंकि काम में ये गोरों से फुर्तीले होते हैं, परंतु कहते हैं, तूफान उठने पर, जहाज के विपत्ति में पड़ने पर इनमें हिम्मत नहीं रहती।

हैं; इसी से कुछ होता नहीं, कोई मानता भी नहीं।

आर्य बाबा का दम भरते हुए चाहे प्राचीन भारत का गौरव-गान दिन-रात करते रहो और कितना भी 'डम्-डम्' कहकर गाल बजाओ, तुम ऊँची जातवाले क्या जीवित हो? तुम लोग हो दस हजार वर्ष पीछे के ममी, जिन्हें 'सचल श्मशान' कहकर तुम्हारे पूर्व पुरुषों ने घृणा की है। भारत में जो कुछ वर्तमान जीवन है, वह उन्हीं में है और 'सचल श्मशान' हो तुम लोग। तुम्हारे घर-द्वार म्यूजियम हैं, तुम्हारे आचार-व्यवहार, चाल-चलन देखने से जान पड़ता है कि जैसे बड़ी दीदी के मुँह से कहानियाँ सुन रहा हूँ। तुम्हारे साथ प्रत्यक्ष वार्त्तालाप करके भी घर लौटता हूँ तो जान पड़ता है, चित्रशाला की तसवीरें देख आया। इस माया के संसार की असली प्रहेलिका, असली मरु-मरीचिका तुम लोग हो। भारत के उच्च वर्णवाले। तुम लोग भूत काल हो, लट्, लङ्, लिट्, सब एक साथ वर्तमान काल में तुम्हें देख रहा हूँ। इससे जो अनुभव हो रहा है, वह अजीर्णता-जनित दुःस्वप्न है। भविष्य के तुम लोग शून्य हो, इत्, लोप्, लुप्। स्वप्न-राज्य के आदमी हो तुम लोग, अब देर क्यों कर रहे हो?

आर्य बाबा का दम भरते हुए चाहे प्राचीन भारत का गौरव-गान दिन-रात करते रहो और कितना भी 'डम्-डम्' कहकर गाल बजाओ, तुम ऊँची जातवाले क्या जीवित हो? तुम लोग हो दस हजार वर्ष पीछे के ममी, जिन्हें 'सचल श्मशान' कहकर तुम्हारे पूर्व पुरुषों ने घृणा की है। भारत में जो कुछ वर्तमान जीवन है, वह उन्हीं में है और 'सचल श्मशान' हो तुम लोग।

भूत-भारत-शरीर के रक्त-मांस-हीन कंकालकुल, तुम लोग क्यों नहीं जल्दी से जल्दी धूलि में परिणत हो, वायु में मिल जाते? तुम लोगों की अस्थिमय उँगलियों में पूर्वपुरुषों की संचित कुछ अमूल्य रत्नांगुलीय हैं, तुम्हारे दुर्गंधित शरीरों को भेंटती हुई पूर्व काल की बहुत सी रत्नपेटिकाएँ सुरक्षित हैं, इतने दिनों तक उन्हें दे देने की सुविधा नहीं मिली। अब अंग्रेजी राज्य

में, अबाध विद्या-चर्चा के दिनों में उन्हें उत्तराधिकारियों को दो, जितना शीघ्र दे सको, दे दो। तुम लोग शून्य में विलीन हो जाओ और फिर एक नवीन भारत निकल पड़े। निकले हल पकड़कर, किसानों की कुटी भेदकर, जाली, माली, मोची, मेहतरों की झोंपड़ियों से। निकल पड़े बनियों की दुकानों से, भुजवा के भाड़ के पास से, कारखाने से, हाट से, बाजार से। निकले झाड़ियों, जंगलों, पहाड़ों, पर्वतों से। इन लोगों ने सहस्र-सहस्र वर्षों तक नीरव अत्याचार सहन किया है। उससे पाई है, अपूर्व सहिष्णुता। सनातन दुःख उठाया, जिससे पाई है अटल जीवनी शक्ति। ये लोग मुट्ठी भर सत्तू खाकर दुनिया उलट सकेंगे। आधी रोटी मिली तो तीनों लोकों में इतना तेज न अँटेगा? ये रक्तबीज के प्राणों से युक्त हैं। और पाया है सदाचार-बल, जो तीनों लोकों में नहीं है। इतनी शांति, इतनी प्रीति, इतना प्यार, बेजबान रहकर दिन-रात इतना खटना और काम के वक्त सिंह का विक्रम! अतीत के कंकाल-समूह! यही है तुम्हारे सामने तुम्हारा उत्तराधिकारी भावी भारत। वे तुम्हारी रत्नपेटिकाएँ, तुम्हारी मणि की अँगूठियाँ फेंक दो इनके बीच; जितना शीघ्र फेंक सको, फेंक दो और तुम हवा में विलीन हो जाओ, अदृश्य हो जाओ, सिर्फ कान खड़े रखो। तुम ज्योंही विलीन होंगे, उसी वक्त सुनोगे, कोटिजीमूतस्यन्दिनी, त्रैलोक्यकम्पनकारिणी भावी भारत की उद्‌बोधन ध्वनि 'वाह गुरु की फतह!'

सनातन दुःख उठाया, जिससे पाई है अटल जीवनी शक्ति। ये लोग मुट्ठी भर सत्तू खाकर दुनिया उलट सकेंगे। आधी रोटी मिली तो तीनों लोकों में इतना तेज न अँटेगा? ये रक्तबीज के प्राणों से युक्त हैं। और पाया है सदाचार-बल, जो तीनों लोकों में नहीं है। इतनी शांति, इतनी प्रीति, इतना प्यार, बेजबान रहकर दिन-रात इतना खटना और काम के वक्त सिंह का विक्रम!

जहाज बंगोपसागर में जा रहा है। यह समुद्र, कहते हैं बड़ा गंभीर है। जितने में कम पानी था, उतने में तो गंगाजी ने हिमालय चूरकर, मिट्टी लाकर,

बोझकर जमीन कर दिया है। वही जमीन हमारा बंग देश है, बंगाल अब बहुत आगे नहीं बढ़ने का। बस उसी सुंदरवन तक। कोई-कोई कहते हैं, पहले सुंदरवन नगर और ग्रामों से आबाद था, ऊँचा था। बहुत से लोग अब यह बात नहीं मानना चाहते। कुछ हो, उस सुंदरवन के भीतर और बंगोपसागर की उत्तर की ओर बहुत से कारखाने हो गए हैं। उन्हीं सब स्थानों में पुर्तगाली डाकुओं ने अड्डे जमाए थे। अराकान के राजा ने इन सब जगहों के अधिकार की अनेक चेष्टाएँ कीं। मुगल-प्रतिनिधि ने 'गोंजालेज' प्रमुख पुर्तगाली डाकुओं पर शासन करने के अनेक उद्योग किए। बारंबार क्रिश्चियन, मुगल, भग और बंगालियों की लड़ाइयाँ हुईं।

एक तो ऐसे ही बंगोपसागर स्वभावतः चंचल है, तिस पर यह है वर्षाकाल, मानसून का समय। जहाज खूब हिलता-डुलता हुआ जा रहा है! परंतु अभी तो आरंभ ही हुआ है, भगवान् जाने, भविष्य में क्या है? मद्रास जा रहा हूँ। इस दाक्षिणात्य का अधिक भाग ही अब मद्रास प्रांत है। जमीन से क्या होता है? भाग्यवान के हाथों पड़कर मरुभूमि भी स्वर्ग बन जाती है।

एक तो ऐसे ही बंगोपसागर स्वभावतः चंचल है, तिस पर यह है वर्षाकाल, मानसून का समय। जहाज खूब हिलता-डुलता हुआ जा रहा है! परंतु अभी तो आरंभ ही हुआ है, भगवान् जाने, भविष्य में क्या है? मद्रास जा रहा हूँ। इस दाक्षिणात्य का अधिक भाग ही अब मद्रास प्रांत है। जमीन से क्या होता है? भाग्यवान के हाथों पड़कर मरुभूमि भी स्वर्ग बन जाती है। नगण्य क्षुद्र मद्रास शहर, जिसका नाम चिंतापत्तनम् अथवा मद्रासपत्तनम् था, चंद्रगिरि के राजा ने एक वणिक-दल को बेचा था। तब अंग्रेजों का व्यवसाय जावा में था। बांताम शहर अंग्रेजों का एशिया के वाणिज्य का केंद्र था। मद्रास आदि भारतवर्ष की अंग्रेजी कंपनियों के सब वाणिज्य केंद्र बांताम द्वारा परिचालित होते थे। वह बांताम अब कहाँ है? और वह मद्रास अब किस रूप में बदल गया? सिर्फ उद्योगिनं पुरुष सिंहमुपैति लक्ष्मीः। क्या यही है न भाई साहब? पीछे है—'माता

का बल', परंतु उद्योगी पुरुष को ही माता बल देती है, यह बात भी मानता हूँ।

मद्रास की याद आते ही खालिस दक्षिण मुल्क याद आता है। कलकत्ते के जगन्नाथ घाट पर ही दक्षिण मुल्क के आसार नजर आते हैं, (यह किनारे से घुटा सिर, चोटी-बँधा सिर, कपाल मानो चित्र-वैचित्र्य से पूर्ण, सूँड़ उल्टी चट्टियाँ (स्लीपर), जिनमें सिर्फ पैर की उँगलियाँ ही जाती है और नस्य—(सुँघनी)—विगलित-नासा, सड़कों के सर्वांग में चंदन के छापे लगाने में बड़े पटु) उड़िया ब्राह्मण को देखकर। गुजराती ब्राह्मण, काले-कलूटे देशवाले ब्राह्मण, बिल्कुल साफ गोरे मार्जारचक्षु, चौकोर सिर कोंकण के ब्राह्मण। यद्यपि इनमें सबके एक ही प्रकार के वेश हैं, सभी दक्षिणी नाम से परिचित हैं, परंतु ठीक दक्षिणी ढंग मद्रासियों में है। वह रामानुजी तिलक, परिव्याप्त ललाट-मंडल, दूर से जैसे खेत की रखवाली के लिए काली हंडी में चूना पोतकर, जले काठ के सिरे में किसी ने टाँग दिया हो। जिस रामानुजी तिलक के शागिर्द रामानंदी तिलक की महिमा के संबंध में कहते हैं—"तिलक-तिलक सब कोई कहे (पर) रामानंदी तिलक। दिखत गंगापार से यम गोद्वारा खिड़क्।" हमारे देश के चैतन्य-संप्रदाय के किसी गोसाई को सर्वांग में छाप लगाए हुए देखकर एक मतवाले ने चीता समझा था, पर इस मद्रासी तिलक को देखकर तो चीता भी पेड़ पर चढ़ जाता है! वह तमिल, तेलुगू, मलयालम बोली, जिसे छह साल सुनने पर भी क्या मजाल जो एक शब्द भी समझ लो, जिसमें दुनिया के

मद्रास की याद आते ही खालिस दक्षिण मुल्क याद आता है। कलकत्ते के जगन्नाथ घाट पर ही दक्षिण मुल्क के आसार नजर आते हैं, (यह किनारे से घुटा सिर, चोटी-बँधा सिर, कपाल मानो चित्र-वैचित्र्य से पूर्ण, सूँड़ उल्टी चट्टियाँ (स्लीपर), जिनमें सिर्फ पैर की उँगलियाँ ही जाती है और नस्य—(सुँघनी)—विगलित-नासा, सड़कों के सर्वांग में चंदन के छापे लगाने में बड़े पटु) उड़िया ब्राह्मण को देखकर।

तरह-तरह के 'लकार' और 'डकारों' की नुमाइश है; वह 'मुड़गतन्नि रसम्' (अत्यंत तीखी इमली मिली अरहर की दाल का रस। यह दक्षिणियों का प्रिय भोजन है। मुड़ग अर्थात् काली मिर्च और तन्नि अर्थात् दाल) के साथ भात 'सापड़न', जिसके एक-एक ग्रास से कलेजा थर्रा उठता (इतना तीखा और इमली मिला!), वह 'मीठे नीम के लच्छे, चने की दाल, मूँग की दाल', छौंका हुआ दध्योदन आदि भोजन; और वह अरंडी का तेल लगाकर स्नान, अरंडी के तेल में मछली भूनना, इसके बिना क्या कहीं दक्षिण मुल्क होता है?

पुनश्चः, यही दक्षिण मुल्क है, जिसने मुसलमान-राज्य के समय और उसके कितने समय पहले से भी हिंदू धर्म को बचा रखा है। इस दक्षिण मुल्क में ही सामने शिखा रखनेवाली और इस नारियल का तेल खानेवाली जाति में शंकराचार्य का जन्म हुआ; इसी देश में रामानुज पैदा हुए थे, यही मध्य मुनि की जन्मभूमि है। इन्हीं के पैरों के नीचे वर्तमान हिंदू धर्म है।

पुनश्चः, यही दक्षिण मुल्क है, जिसने मुसलमान-राज्य के समय और उसके कितने समय पहले से भी हिंदू धर्म को बचा रखा है। इस दक्षिण मुल्क में ही सामने शिखा रखनेवाली और इस नारियल का तेल खानेवाली जाति में शंकराचार्य का जन्म हुआ; इसी देश में रामानुज पैदा हुए थे, यही मध्य मुनि की जन्मभूमि है। इन्हीं के पैरों के नीचे वर्तमान हिंदू धर्म है।

तुम्हारा चैतन्य-संप्रदाय इस मध्व-संप्रदाय की शाखा मात्र है; उसी शंकर की प्रतिध्वनि कबीर, दादू, नानक, रामसनेही आदि सब लोग है; उसी रामानुज के शिष्य-संप्रदाय अयोध्या आदि में दखल कर बैठे हुए हैं। ये दक्षिणी ब्राह्मण जिस दिन तक उत्तरी भारत के ब्राह्मण को ब्राह्मण मानने के लिए तैयार नहीं, उन्हें शिष्य नहीं करना चाहते थे, उस दिन तक संन्यास नहीं देते थे, ये ही मद्रासी इस समय तक बड़े-बड़े तीर्थस्थानों में दखल कर बैठे हुए हैं। इस दक्षिण देश में ही—जिस समय उत्तर भारतवासी 'अल्लाहो अकबर, दीन-दीन' शब्द के सामने भय से धन-रत्न,

ठाकुर-देवता, स्त्री-पुत्रों को छोड़कर झाड़ियों और जंगलों में छिप रहे थे—राजचक्रवर्ती विद्यानगराधिप का अचल सिंहासन प्रतिष्ठित था। इस दक्षिण देश में ही उस अद्‌भुत सायण का जन्म हुआ है, जिनके यवनविजयी बाहुबल से बुक्कराज का सिंहासन, मंत्रणा द्वारा विद्यानगर साम्राज्य और नयमार्ग से दाक्षिणात्य की सुख-स्वच्छंदता प्रतिष्ठित रही, जिनकी अमानव प्रतिभा द्वारा और अलौकिक श्रम के फलस्वरूप समग्र वेदराशि पर टीकाएँ हुईं, जिनके अद्‌भुत त्याग, वैराग्य और गवेषणा के फलस्वरूप पंचदशी ग्रंथ बना; उन्हीं संन्यासी विद्यारण्य मुनि सायण (किसी-किसी में मत से भेद भाष्यकार सायण विद्यारण्य मुनि के भ्राता थे) की यह जन्म भूमि है। यह मद्रास उस तमिल जाति की वास भूमि है, जिनकी सभ्यता सर्वप्राचीन है, जिनकी 'सुमेर' नामक शाखा ने युफ्रेटिस के तट पर प्रकांड सभ्यता का विस्तार बहुत प्राचीन काल में किया था, जिनकी ज्योतिष, धर्म-कथाएँ, नीतियाँ, आचार आदि आसिरी और बाविली सभ्यता की भित्ति हैं, जिनका पुराण-संग्रह बाइबिल का मूल है, जिनकी एक और शाखा ने मालाबार उपकूल होकर अद्‌भुत मिस्री सभ्यता की सृष्टि की थी, जिनके प्रति आर्यगण अनेक विषयों में ऋणी हैं। इन्हीं के बड़े-बड़े मंदिर दाक्षिणात्य में वीर-शैव या वीर-वैष्णव संप्रदाय की विजय-घोषणा कर रहे हैं। यह जो इतना बड़ा वैष्णव धर्म है, यह भी इसी 'तमिल' नीचवंशोद्‌भुत 'षट्‌कोप' से उत्पन्न हुआ है, जो विक्रोय सूर्प स चचार योगी हैं। यही तमिल आलवाड़ या भक्तगण अब भी समग्र वैष्णव संप्रदाय के पूज्य हो रहे हैं। अब भी इस देश

राजचक्रवर्ती विद्यानगराधिप का अचल सिंहासन प्रतिष्ठित था। इस दक्षिण देश में ही उस अद्‌भुत सायण का जन्म हुआ है, जिनके यवनविजयी बाहुबल से बुक्कराज का सिंहासन, मंत्रणा द्वारा विद्यानगर साम्राज्य और नयमार्ग से दाक्षिणात्य की सुख-स्वच्छंदता प्रतिष्ठित रही, जिनकी अमानव प्रतिभा द्वारा और अलौकिक श्रम के फलस्वरूप समग्र वेदराशि पर टीकाएँ हुईं..

में वेदांत के द्वैत, विशिष्ट तथा अद्वैत आदि मतों की जैसी चर्चा है, ऐसी और कहीं नहीं। अब भी धर्म पर अनुराग इस देश में जितना प्रबल है, वैसा और कहीं नहीं।

चौबीसवीं जून की रात को हमारा जहाज मद्रास पहुँचा। प्रातःकाल उठकर देखता हूँ, समुद्र के भीतर चहारदीवारी से घेरे हुए मद्रास के बंदरगाह में हूँ। भीतर का जल स्थिर है और बाहर उत्ताल तरंगें गरज रही हैं और एक-एक बार बंदर की दीवार से लगकर दस-बारह हाथ उछल पड़ी हैं; फिर फेनमय होकर छितर जाती हैं। सामने सुपरिचित मद्रास का स्ट्रैंड रोड है। दो पुलिस इंस्पेक्टर, एक मद्रासी जमादार, एक दर्जन पहरेवाले जहाज पर चढ़े। बड़ी सभ्यता के साथ मुझसे कहा कि काले आदमियों को किनारे जाने का हुक्म नहीं, गोरों को है। काला कोई भी हो, वह गंदा रहता है और उसके प्लेग-परमाणु लेकर घूमने की बड़ी ही संभावना है, परंतु मेरे लिए मद्रासियों ने विशेष हुक्म पाने की दरख्वास्त की थी, शायद मंजूरी मिली हो। क्रमशः दो-दो, चार-चार करके मद्रासी मित्र नाव पर चढ़कर जहाज के पास आने लगे, परंतु छुआछूत की गुंजाइश नहीं, जहाज ही से बातें करो। आलासिंगा, बिलीगिरी, नरसिंहाचार्य, डॉक्टर नंजुंदाराव, कीडी आदि सब मित्रों पर नजर पड़ी। आम, केले, नारियल, पका हुआ दध्योदन, राशि-राशि गजा (एक प्रकार की मिठाई), नमकीन आदि-आदि के बोझे आने लगे। क्रमशः भीड़ होने लगी, अबाल-वृद्ध-वनिता, नाव पर नावें डट गईं। मेरे विलायत के मित्र मि. श्यामीएर, बैरिस्टर होकर मद्रास आ गए हैं, उन्हें भी देखा। रामकृष्णानंद और निर्भय कई बार आए गए। उन लोगों की

चौबीसवीं जून की रात को हमारा जहाज मद्रास पहुँचा। प्रातःकाल उठकर देखता हूँ, समुद्र के भीतर चहारदीवारी से घेरे हुए मद्रास के बंदरगाह में हूँ। भीतर का जल स्थिर है और बाहर उत्ताल तरंगें गरज रही हैं और एक-एक बार बंदर की दीवार से लगकर दस-बारह हाथ उछल पड़ी हैं; फिर फेनमय होकर छितर जाती हैं।

इच्छा दिनभर उसी कड़ी धूप में नाव पर ही रहने की थी, अंत में डाँटने पर गए। क्रमशः जितनी खबर बढ़ी कि मुझे उतरने की मंजूरी नहीं दी जाएगी, उतनी ही नाव की भीड़ बढ़ने लगी। मेरा शरीर भी जहाज के बरामदे में ठेस देकर लगातार खड़े रहने से क्रमशः अवसन्न होने लगा। तब मद्रासी मित्रों से मैंने विदा माँगी, कैबिन के भीतर प्रवेश किया। आलासिंगा को 'ब्रह्मवादिन्' और मद्रासी काम-काज के बारे में सलाह करने का अवसर नहीं मिला, इसलिए वह कोलंबो तक जहाज पर चले। शाम के वक्त जहाज छूटा। उस समय के शोर उठा। झरोखे से झाँककर देखता हूँ, एक हजार के करीब मद्रासी स्त्री-पुरुष, बालक-बालिकाएँ, बंदरगाह के बाँध पर बैठी हुई थीं। जहाज छोड़ते ही वे ही यह विदासूचक ध्वनि कर रही थीं। आनंद होने पर बंगदेश के समान मद्रासी लोग 'हूलू' ध्वनि करते हैं।

मद्रास से कोलंबो चार दिन। जो तरंग-भंग गंगासागर से शुरू हुए थे, वे क्रमशः बढ़ने लगे। मद्रास के बाद और भी बढ़ गए। जहाज बहुत झूमने लगा। यात्री तो सिर थामकर के परेशान हो गए। दोनों बंगाली लड़के भी बड़े बीमार थे; एक ने तो सोच लिया है, मर जाएगा। उसे बहुत तरह से समझा-बुझा दिया गया कि कोई भय नहीं। इस तरह सभी को होता है, इससे कोई मरता नहीं, कुछ होता भी नहीं। सेकेंड क्लास भी बिल्कुल 'स्क्रू' के ऊपर है; दोनों लड़कों को काला आदमी होने के कारण एक अंधकूप की तरह घर में भर दिया गया है। जहाँ पवनदेव के जाने का भी हुक्म नहीं है, सूर्य का भी प्रवेश निषिद्ध है। किसी की क्या मजाल, जो उन दो लड़कों के घर में चला जाए और फिर छत पर—कैसा

मद्रास से कोलंबो चार दिन। जो तरंग-भंग गंगासागर से शुरू हुए थे, वे क्रमशः बढ़ने लगे। मद्रास के बाद और भी बढ़ गए। जहाज बहुत झूमने लगा। यात्री तो सिर थामकर के परेशान हो गए। दोनों बंगाली लड़के भी बड़े बीमार थे; एक ने तो सोच लिया है, मर जाएगा। उसे बहुत तरह से समझा-बुझा दिया गया कि कोई भय नहीं।

भयानक हिलडोल! फिर जब जहाज का अगला भाग तरंग के गड्ढे में बैठ जाता है और पिछला हिस्सा ऊँचा उठ जाता है, उस समय स्क्रू जल से छूटकर शून्य के चक्कर काटता है और कुल जहाज ढक्-ढक्-ढक् आवाज करता हुआ हिल उठता है। सेकेंड क्लास उस समय, चूहे को पकड़कर जैसे बिल्ली रह-रहकर झटके दे, इस तरह हिल उठता है।

कुछ भी हो, इस समय मानसून का समय है। भारत महासागर में जितना ही जहाज पश्चिम की ओर चलेगा, उतना ही यह हवा और तूफान बढ़ेगा। मद्रासियों ने बहुत से फल आदि दिए थे, उनका अधिकांश तथा गजा, दध्योदन आदि सब लड़कों को दे दिया। आलासिंगा तुरंत एक टिकट खरीद नंगे पैर जहाज पर चढ़ बैठा। आलासिंगा कहता है, वह कभी-कभी जूता पहनता है। देश-देश में तरह-तरह के रहन-सहन हैं। यूरोप में औरतों के लिए पैर नंगा करना बड़े शर्म की बात है, लेकिन ऊपर की आधी देह भले ही नंगी रहे! हमारे देश में सिर ढकना होगा ही, चाहे पहनने भर को कपड़ा भले ही न रहे!

इस समय मानसून का समय है। भारत महासागर में जितना ही जहाज पश्चिम की ओर चलेगा, उतना ही यह हवा और तूफान बढ़ेगा। मद्रासियों ने बहुत से फल आदि दिए थे, उनका अधिकांश तथा गजा, दध्योदन आदि सब लड़कों को दे दिया। आलासिंगा तुरंत एक टिकट खरीद नंगे पैर जहाज पर चढ़ बैठा।

आलासिंगा पेरूमल, एडीटर 'ब्रह्मवादिन्', मैसूरी रामानुजी 'रसम्' खानेवाला ब्राह्मण है। घुटा सिर, तमाम ललाट 'तेंलकी' तिलक, साथ का सहारा, छिपाकर बड़े यत्न से लाए हैं क्या, ये दो गठरियाँ! एक में चूड़ा भूने हुए और एक में लाई-मटर! जात बचाकर, वही लाई-मटर चबाते हुए, सीलोन जाना होगा! आलासिंगा एक बार और सीलोन गया था। इससे बिरादरीवालों से कुछ गुलगपाड़ा मचाना चाहा था पर कामयाब न हो सके थे। भारत में इतना ही बचाव है! बिरादरीवालों ने अगर कुछ न कहा तो और किसी को भी कुछ

कहने का अधिकार नहीं। वह दक्षिणी बिरादरी—किसी में हैं कुल पाँच सौ, किसी में सात सौ, किसी में हजार प्राणी—लड़की कोई न मिली तो भानजी को ब्याह लिया! जब मैसूर में पहले-पहल रेल हुई तो जो ब्राह्मण दूर से रेलगाड़ी देखने गए थे, वे सब बेजात कर दिए गए। कुछ हो, इस आलासिंगा की तरह के आदमी संसार में बहुत थोड़े हैं; ऐसा निस्स्वार्थ, ऐसा जी-तोड़ मेहनत करनेवाला, ऐसा गुरुभक्त आज्ञाधीन शिष्य; इस प्रकार के संसार में बहुत थोड़े लोग हैं, समझे भाई साहब! घुटा सिर, बँधी चोटी, नंगे पैर धोती पहने, मद्रासी फर्स्ट क्लास में चढ़ा; घूमता-टहलता, भूख लगने पर लाई-मटर चबाता। नौकर लोग मद्रासी मात्र को समझते हैं। 'चेट्टी' और इनके पास बहुत सा रुपया है, लेकिन न कपड़े ही पहनेंगे, न खाएँगे ही, परंतु हमारे साथ पड़कर उसकी जाति की मिट्टी पलीद हो रही है—नौकर लोग कह रहे हैं। असल बात है, तुम लोगों के पल्ले पड़कर मद्रासियों की जाति का हाल बहुत कुछ गँदला ही क्यों, कर्दमाक्त हो चला है।

आलासिंगा को 'सी-सिकनेस' नहीं हुई। 'तू' भाई साहब पहले कुछ घबराए थे, अब सँभलकर बैठे हैं। अतएव चार रोज अनेक प्रकार के वार्त्तालाप से इष्टगोठी में कटे। सामने कोलंबो है। यही सिंहल लंका है। श्रीरामचंद्र ने सेतु बाँधकर पार हो, लंका के राजा रावण पर विजय प्राप्त की थी।

आलासिंगा को 'सी-सिकनेस' नहीं हुई। 'तू' भाई साहब पहले कुछ घबराए थे, अब सँभलकर बैठे हैं। अतएव चार रोज अनेक प्रकार के वार्त्तालाप से इष्टगोठी में कटे। सामने कोलंबो है। यही सिंहल लंका है। श्रीरामचंद्र ने सेतु बाँधकर पार हो, लंका के राजा रावण पर विजय प्राप्त की थी। सेतु तो देख रहा हूँ; सेतुपति महाराजा के मकान में जिस पत्थर के टुकड़े पर भगवान् रामचंद्र ने उनके पूर्वपुरुष को प्रथम सेतुपति राजा बनाया था, वह भी देख रहा हूँ, लेकिन यह पाप बौद्ध सीलोनी लोग जो नहीं मानना चाहते, कहते हैं—हमारे देश में तो ऐसी किंवदंती भी नहीं है। अरे! नहीं है, कहने से क्या होगा? 'गोसाईं' जी ने पोथी में लिखा जो है।

इसके बाद वे लोग अपने देश को कहते हैं—सिंहल, लंका (बांग्ला भाषा में लाल मिर्चा को 'लंका' कहते हैं।) नहीं कहेंगे; कहेंगे कहाँ से? उनकी न बात में कड़ुआपन, न काम में कड़ुआपन, न प्रकृत में कड़ुआपन। राम कहो। घाघरा पहने, चोटी बाँधे, इधर जूड़े में बड़ी सी एक कंघी खोंसे, जनानी सूरत के! फिर दुबले-पतले, नाटे से मुलायम शरीरवाले! ये हैं—रावण-कुंभकर्ण के बच्चे! लो, हो चुका! कहते हैं—बंगाल से आया था, अच्छा ही किया था। यह जो एक दल (बंगाल) देश में उमड़ रहा है, औरतों की तरह पहनाव-उढ़ाव, नजाकत भरी बोली, तिरछी-तिरछी चाल, किसी की आँख से आँख मिलाकर बात नहीं कर सकते और पैदा होने के दिन से ही प्रेम की कविताएँ लिखते हैं और जुदाई की आग से 'हाय हुसैन, हाय हसन' किया करते हैं—ये लोग क्यों नहीं जाते, जनाब सीलोन? मुँहजली सरकार सोती है क्या? उस दिन पुरी में न जाने किनकी धर-पकड़ में तमाम हो-हल्ला मचाया? अजी, राजधानी में पकड़कर कैद किए जानेवाले भी तो बहुत से हैं।

इसके बाद वे लोग अपने देश को कहते हैं—सिंहल, लंका (बांग्ला भाषा में लाल मिर्चा को 'लंका' कहते हैं।) नहीं कहेंगे; कहेंगे कहाँ से? उनकी न बात में कड़ुआपन, न काम में कड़ुआपन, न प्रकृत में कड़ुआपन। राम कहो। घाघरा पहने, चोटी बाँधे, इधर जूड़े में बड़ी सी एक कंघी खोंसे, जनानी सूरत के!

एक था महादुष्ट बंगाली राजा का लड़का। नाम विजय सिंह, उसने बाप के साथ तकरार कर अपनी तरह के कुछ और साथी इकट्ठे किए; फिर बहते-बहते लंका के टापू में हाजिर। उस समय उस देश में जंगली जातियों का वास था, जिसके वंशधर उस समय 'वेद्दा' के नाम से प्रसिद्ध हैं। जंगली राजा ने उसे बड़ी खातिर से रखा। उसके साथ अपनी लड़की को ब्याह दिया। कुछ दिन तो वह भले आदमी की तरह रहा, इसके बाद एक दिन बीवी के साथ सलाह करके एकाएक रात को दलबल सहित उठकर सरदारों के

साथ जंगली राजा को कत्ल कर डाला।

इसके बाद जनाब विजय सिंह हुए राजा। बदमाशी का यहीं पर विशेष अंत नहीं हुआ। इसके बाद उसे इस जंगली की लड़की रानी पसंद नहीं आई। तब उसने भारत से और भी आदमियों और भी बहुत सी लड़कियों को मँगवाया। अनुराधा नाम की एक लड़की से तो स्वयं विवाह किया और उस जंगली लड़की को हमेशा के लिए विदा कर दिया। उस तमाम ज़ाति का निधन करने लगे। बेचारे करीब-करीब सब मारे गए। कुछ अंश झाड़ियों-जंगलों में आज भी बस रहा है। इस तरह लंका का नाम हुआ, सिंहल और यह बना बंगालियों का उपनिवेश।

क्रमशः अशोक महाराज के सम, उनका लड़का माहिंदो और लड़की संघमित्ता संन्यास लेकर धर्म-प्रचार करने सिंहल टापू में हाजिर हुए। इन लोगों ने जाकर देखा कि सब लोग बड़े ही अनाड़ी हो गए हैं। तमाम जिंदगी मेहनत करके उन लोगों को भरसक सभ्य बनाया; अच्छे-अच्छे नियम बनाए और उन लोगों को शाक्यमुनि के संप्रदाय में लाए। देखते-देखते सीलोनी लोग निहायत कट्टर बौद्ध हो गए। लंकाद्वीप के बीचोबीच एक विशाल शहर बनाया। नाम रखा—अनुराधापुरम्। अब भी उस शहर के भग्नावशेष देखने से अक्ल हैरान हो जाती है। बड़े-बड़े स्तूप, कोसों तक पत्थरों की टूटी इमारतें खड़ी हैं। और भी कितना ही जंगल है, जो अब भी साफ नहीं किया गया। सीलोन भर में घुटे सिर, करुवाधारी, पीली चादर से ढकीं भिक्षु-भिक्षुणियाँ फैल गईं। जगह-जगह बड़े-बड़े मंदिर बन गए। बड़ी-बड़ी ध्यान-मूर्तियाँ, ज्ञानमुद्रा लिए हुए प्रचार-मूर्तियाँ, बगल पर सोई

क्रमशः अशोक महाराज के सम, उनका लड़का माहिंदो और लड़की संघमित्ता संन्यास लेकर धर्म-प्रचार करने सिंहल टापू में हाजिर हुए। इन लोगों ने जाकर देखा कि सब लोग बड़े ही अनाड़ी हो गए हैं। तमाम जिंदगी मेहनत करके उन लोगों को भरसक सभ्य बनाया; अच्छे-अच्छे नियम बनाए और उन लोगों को शाक्यमुनि के संप्रदाय में लाए।

हुई महानिर्वाण-मूर्तियाँ उनके भीतर और दीवार की बगल में सीलोनी लोगों ने शरारत की—नरक में उनका क्या हाल होता है, वहीं खींचा हुआ है; किसी को भूत पीट रहे हैं, किसी को आरे से चीर रहे हैं, किसी को जला रहे हैं, किसी को गरम तेल से कल्हार रहे हैं, किसी की खाल निकाल रहे हैं—वह महावीभत्स कारखाना है!

इस 'अहिंसा परमो धर्मः' के भीतर ऐसी कारगुजारी छिपी है, कौन जानता है! चीन में भी यही हाल; जापान में भी यही। इधर तो अहिंसा और सजा के प्रकार-भेद देखिए तो जान सूख जाती है। एक 'अहिंसा परमो धर्मः' के मकान में घुसा चोर। मालिक के लड़के उसे पकड़कर लगे बेदम पीटने। तब मालिक दुमंजिले के बरामदे में जाकर गोलमाल देख, खबर लेकर चिल्लाने लगा, "अरे मार मत, मार मत; 'अहिंसा परमो धर्मः'।" तब अहिंसक के लड़के मारना रोककर पूछने लगे, "तो इस चोर का क्या किया जाए?" मालिक ने आज्ञा दी, "इसे थैले में भरकर पानी में डाल दो!"

इस 'अहिंसा परमो धर्मः' के भीतर ऐसी कारगुजारी छिपी है, कौन जानता है! चीन में भी यही हाल; जापान में भी यही। इधर तो अहिंसा और सजा के प्रकार-भेद देखिए तो जान सूख जाती है। एक 'अहिंसा परमो धर्मः' के मकान में घुसा चोर। मालिक के लड़के उसे पकड़कर लगे बेदम पीटने।

चोर ने आप्यायित हो हाथ जोड़कर कहा, "अहा, मालिक बड़े ही कृपालु हैं!" बौद्ध लोग बड़े शांत हैं, सब धर्मों पर बराबर दृष्टि है, यही सुना था। बौद्ध प्रचारक लोग हमारे कलकत्ते में आकर तरह-तरह की गालियाँ झाड़ते हैं, लेकिन हम लोग फिर भी उनकी यथेष्ट पूजा किया करते हैं। एक बार मैं अनुराधापुरम् में व्याख्यान दे रहा था, हिंदुओं के बीच में, बौद्धों में नहीं, वह भी खुले मैदान में, किसी की जमीन पर नहीं। इतने में ही दुनिया के बौद्ध 'भिक्षु', गृहस्थ, स्त्री-पुरुष, ढोल-झाँझ आदि लेकर ऐसी विकट आवाज करने लगे कि फिर क्या कहूँ! लैक्चर तो समाप्त ही हो गया; नौबत

खून-खराबे की आ पहुँची। तब बहुत तरह से हिंदुओं की समझा दिया कि उन लोगों से न हो तो आओ, हमीं लोग जरा अहिंसा करें, तब शांति हुई।

क्रमशः उत्तर की तरफ से हिंदू तमिल कुल ने धीरे-धीरे लंका में प्रवेश किया। बौद्ध लोगों ने रुख जरा बुरा देखकर, राजधानी छोड़कर, कांदी नामक पार्वत्य शहर की स्थापना की। तमिलों ने कुछ दिनों में वह भी छीन लिया और हिंदू राज्य खड़ा किया। इसके बाद आया—फिरंगियों का दल, स्पेनियार्ड, पुर्तगाली, डच। अंत में, अंग्रेज राजा हुए हैं, कांदी राज्य के वंशधर तंजौर भेज दिए गए हैं। वहाँ वे पेंशन पाते हैं और मुड़गतन्नी रसम् खाते हैं।

उत्तर सीलोन में हिंदुओं का भाग बहुत ज्यादा है; दक्षिण तरफ बौद्ध और रंग-बिरंगे दोगले फिरंगी। बौद्धों का प्रधान स्थान वर्तमान राजधानी कोलंबो है और हिंदुओं का जाफना। जातिवाला गुलगपाड़ा भारत से यहाँ बहुत कम है। बौद्धों में कुछ है, शादी-ब्याह के वक्त। खान-पान का विचार-विवेचन बौद्धों में बिल्कुल नहीं, हिंदुओं में कुछ-कुछ है। यहाँ के समस्त कसाई पहले बौद्ध थे। आजकल घट रहे हैं; धर्मप्रचार हो रहा है। बौद्धों में से अधिकांश इस समय अपने पुराने नाम के बदले यूरोपियन नाम इंदुम-पिंदुम रख रहे हैं। हिंदुओं की सब तरह की जातियाँ मिलकर एक हिंदू जाति हुई हैं। इसमें बहुत कुछ पंजाबी जाटों की तरह सब जाति की लड़कियाँ और बीबियाँ तक ब्याही जा सकती हैं। लड़का मंदिर में जाकर त्रिपुंड खींचकर, शिव-शिव कहकर हिंदू बनता है; स्वामी हिंदू, स्त्री क्रिश्चिन है। ललाट पर विभूति लगाकर 'नमः

उत्तर सीलोन में हिंदुओं का भाग बहुत ज्यादा है; दक्षिण तरफ बौद्ध और रंग-बिरंगे दोगले फिरंगी। बौद्धों का प्रधान स्थान वर्तमान राजधानी कोलंबो है और हिंदुओं का जाफना। जातिवाला गुलगपाड़ा भारत से यहाँ बहुत कम है। बौद्धों में कुछ है, शादी-ब्याह के वक्त। खान-पान का विचार-विवेचन बौद्धों में बिल्कुल नहीं, हिंदुओं में कुछ-कुछ है। यहाँ के समस्त कसाई पहले बौद्ध थे।

पार्वती पतये' कहने से ही क्रिश्चियन तत्काल हिंदू बन जाता है, इसीलिए तुम्हारे ऊपर यहाँ के पादरी इतने रंज रहते हैं। तुम लोगों का जब से आना-जाना हुआ, बहुत से क्रिश्चियन विभूति लगाकर 'नमः पार्वती पतये' कहकर हिंदू बन जात में लौटे हैं।

अद्वैतवाद और वीर-शैववाद यहाँ का धर्म है। 'हिंदू' शब्द की जगह 'शैव' कहना पड़ता है। चैतन्यदेव ने जिस नृत्य-कीर्तन का बंगदेश में प्रचार किया, उसकी जन्मभूमि दाक्षिणात्य है, इसी तमिल जाति के भीतर। सीलोन की तमिल भाषा शुद्ध तमिल है, सीलोन का धर्म शुद्ध तमिल धर्म है—वह लाखों आदमियों का उन्माद कीर्तन शिव-स्तवगान, वह हजारों मृदंग की ध्वनि, वह बड़ी-बड़ी करतालों की झाँझें और वह विभूमि-भूषित, मोटे-मोटे रुद्राक्ष की मालाएँ गले में, पहलवानी चेहरा, लाल आँखें, महावीर की तरह, तमिलों का मतवाला नाच बिना देखे समझ न सकोगे।

कोलंबो के मित्रों ने उतरने का हुक्म ले रखा था, अतएव जमीन पर उतरकर बंधु-बांधवों से मुलाकात की गई। सर कुमारस्वामी हिंदुओं में श्रेष्ठ मनुष्य हैं; उनकी स्त्री अंग्रेज हैं, लड़का नंगे पैर, सिर पर विभूति। श्रीयुत अरुणाचलम आदि प्रमुख बंधु-बांधवगण आए। बहुत दिनों के बाद मुड़गतन्नी खाया गया और किंग कोकोनट कुछ डाब (कच्चे नारियल) जहाज पर चढ़ा दिए गए।

कोलंबो के मित्रों ने उतरने का हुक्म ले रखा था, अतएव जमीन पर उतरकर बंधु-बांधवों से मुलाकात की गई। सर कुमारस्वामी हिंदुओं में श्रेष्ठ मनुष्य हैं; उनकी स्त्री अंग्रेज हैं, लड़का नंगे पैर, सिर पर विभूति। श्रीयुत अरुणाचलम आदि प्रमुख बंधु-बांधवगण आए। बहुत दिनों के बाद मुड़गतन्नी खाया गया और किंग कोकोनट कुछ डाब (कच्चे नारियल) जहाज पर चढ़ा दिए गए। मिसेज हिगिंस के साथ मुलाकात हुई, उनकी बौद्ध लड़की का बोर्डिंग स्कूल देखा। कौनटेस् का मकान हिगिंस के मकान से बड़ा सजा हुआ

है। कौनटेस् घर से रुपए लाई है और मिसेज हिगिंस से भीख माँगकर बनवाया है। कौनटेस् स्वयं गेरुआ कपड़ा बंगाल की साड़ी के तरीके से पहनती हैं। सीलोन के बौद्धों को यह ढंग खूब पसंद आ गया है, देखा! गाड़ियों में भरी स्त्रियाँ देखीं—सब बंगाली साड़ियाँ पहने हुईं।

बौद्धों के प्रधान तीर्थ कांदी में दंत-मंदिर है। उस मंदिर में बुद्ध भगवान् का एक दाँत है। सीलोनी लोग कहते हैं, वह दाँत पहले पुरी में जगन्नाथ के मंदिर में था, बाद में अनेक तरह का हंगामा होने पर सीलोन लाया गया। वहाँ भी हंगामा कम नहीं हुआ। अब निरापद अवस्थान कर रहे हैं। सीलोनी लोगों ने अपना इतिहास अच्छी तरह लिख रखा है। हमारी तरह नहीं कि सिर्फ आषाढ़ी कहानियाँ! और सुना है कि बौद्धों का शास्त्र भी प्राचीन मागधी भाषा में इसी देश में सुरक्षित है। इस स्थान से ही ब्रह्मदेश, स्याम आदि मुल्कों को धर्म गया है। सीलोनी लोग अपने शास्त्रोक एक शाक्यमुनि को ही मानते हैं और उन्हीं के उपदेश मानकर चलने की चेष्टा करते हैं।

बौद्धों के प्रधान तीर्थ कांदी में दंत-मंदिर है। उस मंदिर में बुद्ध भगवान् का एक दाँत है। सीलोनी लोग कहते हैं, वह दाँत पहले पुरी में जगन्नाथ के मंदिर में था, बाद में अनेक तरह का हंगामा होने पर सीलोन लाया गया। वहाँ भी हंगामा कम नहीं हुआ। अब निरापद अवस्थान कर रहे हैं। सीलोनी लोगों ने अपना इतिहास अच्छी तरह लिख रखा है।

नेपाली, सिक्कमी, भूटानी, लद्दाखी, चीनी और जापानियों की तरह शिव की पूजा नहीं करते, और न 'हीं तारा' यह सब जानते हैं, परंतु भूत आदि का उतारना—इन बातों में उनका विश्वास है। बौद्ध लोग इस समय उत्तर और दक्षिण, दो विभागों में बँट गए हैं। उत्तरी विभागवाले अपने को कहते हैं—महायान और दक्षिणी अर्थात् सिंहली, ब्रह्मी, स्यामी आदि अपने को कहते हैं, हीनयान। महायानवाले बुद्ध की पूजा नाममात्र करते हैं; असल पूजा तारादेवी और अवलोकितेश्वर की करते हैं (जापानी, चीनी और कोरियन लोग अवलोकितेश्वर को कहते हैं, क्वानयन)

और 'हीं क्लीं' तंत्र-मंत्रों की बड़ी धूम है। तिब्बतवाले असल शिवभूत हैं। वे सब हिंदू के देवताओं को मानते हैं, डमरू बजाते हैं, मुर्दे की खोपड़ी रखते हैं, साधु के हाड़ों का भोंपू बजाते हैं, मद्य और मांस के घाघ हैं और हमेशा मंत्र पढ़-पढ़कर रोग, भूत भगा रहे हैं। चीन और जापान के सब मंदिरों की दीवार पर 'ओं हीं क्लीं' सब बड़े-बड़े सुनहले हरफों में लिखा है। वे अक्षर बांग्ला के इतने नजदीक हैं कि साफ समझ में आ जाते हैं।

25 जून को प्रातःकाल जहाज ने कोलंबो छोड़ा। अब ऐन मानसून के भीतर से गुजरना होगा। जहाज जितना ही बढ़ रहा है, तूफान उतना ही बढ़ रहा है; हवा उतनी ही गरज रही है—बारिश और अँधेरा, दोनों बढ़ रहे हैं, बड़ी-बड़ी तरंगें गरजती हुई जहाज पर टूट रही हैं। डेक पर ठहरना मुश्किल हो रहा है। भोजन की मेज पर काठ की पटरियाँ चौकोर खाने की तरह बैठा दी गई हैं।

आलासिंगा कोलंबो से मद्रास लौट गया। हम लोग भी कुमारस्वामी के (कार्तिक के नाम सुब्रह्मण्यम, कुमारस्वामी आदि-आदि हैं; देश में कार्तिक की बड़ी पूजा होती है, बड़ा मान है; कार्तिक को ओंकार का अवतार कहते हैं) बगीचे की नारंगियाँ, कुछ नारियलों के राजा, दो बोतल शरबत आदि उपहार सहित फिर जहाज पर चढ़े।

25 जून को प्रातःकाल जहाज ने कोलंबो छोड़ा। अब ऐन मानसून के भीतर से गुजरना होगा। जहाज जितना ही बढ़ रहा है, तूफान उतना ही बढ़ रहा है; हवा उतनी ही गरज रही है—बारिश और अँधेरा, दोनों बढ़ रहे हैं, बड़ी-बड़ी तरंगें गरजती हुई जहाज पर टूट रही हैं। डेक पर ठहरना मुश्किल हो रहा है। भोजन की मेज पर काठ की पटरियाँ चौकोर खाने की तरह बैठा दी गई हैं। इसे फिड्‌ल कहते हैं। इसके ऊपर खाने की चीजें उछल पड़ती हैं। जहाज 'कचमच', 'कचमच' शब्द कर उठता है, मानो कि टूटकर टुकड़े-टुकड़े हो जाएगा। कप्तान कहते हैं, "चिंता की बात है। अबकी बार का मानसून बड़ा वाहियात है।"

कप्तान बड़े अच्छे आदमी है; इन्होंने चीन और भारत के नजदीक के समुद्रों में बहुत दिन बिताए हैं; खुशमिजाज आदमी हैं; आषाढ़ी कहानियाँ कहने में बड़े पटु हैं। तरह-तरह की डाकुओं की कहानियाँ; चीनी कुली किस तरह जहाज के अफसरों को मारकर कुल जहाज लूटकर भाग जाते थे—इस तरह के बहुत से किस्से सुनाया करते हैं। और किया ही क्या जाए! लिखना-पढ़ना इस हालडोल के मारे बिल्कुल मुश्किल हो रहा है। कैबिन के भीतर बैठना टेढ़ी खीर है। तरंगों के भय से झरोखे कस दिए गए हैं। एक दिन तू—भाई साहब ने जरा खोल दिया था। एक तरंग का जरा सा टुकड़ा जल-प्लावन कर गया। ऊपर वह कैसी उथल-पुथल, कैसी आफत हो गई? इसी के भीतर तुम्हारे 'उद्‌बोधन' का काम थोड़ा-बहुत चल रहा है, याद रखना।

जहाज पर दो पादरी चढ़े हैं। एक अमेरिकी—सपत्नीक। बड़े अच्छे आदमी हैं, नाम है—बोगेश। बोगेश का विवाह हुए सात वर्ष हो चुके हैं; लड़के-लड़कियाँ छह हैं; नौकर लोग कहते हैं, खुदा की बड़ी मेहरबानी है! लड़कों को यह अनुभव नहीं हुआ शायद! एक कंथा बिछाकर बोगेश की स्त्री लड़के-लड़कियों को उसी डेक पर सुलाकर चली जाती है।

जहाज पर दो पादरी चढ़े हैं। एक अमेरिकी—सपत्नीक। बड़े अच्छे आदमी हैं, नाम है—बोगेश। बोगेश का विवाह हुए सात वर्ष हो चुके हैं; लड़के-लड़कियाँ छह हैं; नौकर लोग कहते हैं, खुदा की बड़ी मेहरबानी है! लड़कों को यह अनुभव नहीं हुआ शायद! एक कंथा बिछाकर बोगेश की स्त्री लड़के-लड़कियों को उसी डेक पर सुलाकर चली जाती है। वे सब वहीं लथपथ होकर रोते हुए लोटते-पोटते हैं। यात्री सदा ही सशंक रहते हैं। डेक पर टहलने की गुजाइश नहीं। डर है कि कहीं बोगेश के लड़कों को कुचल न डालें। सबसे छोटे बच्चे को—चौकोर टोकरी में सुलाकर बोगेश और बोगेश की पादरिन सट-लिपटकर कोने में चार घंटे बैठे रहते हैं। तुम्हारी यूरोपीय सभ्यता समझना कठिन है। हम लोग अगर बाहर कुल्ला करें या दाँत माँजें तो कहोगे कैसा

असभ्य है—ये सब काम एकांत में करना उचित है और यह सब सटापटी क्या एकांत में करना अच्छा नहीं! तुम लोग फिर इस सभ्यता की नकल करने जाते हो। और प्रोटेस्टेंट धर्म ने उत्तर यूरोप का क्या उपकार किया है, इस पादरी पुरुष को बिना देखे हुए तुम लोग समझ नहीं सकोगे। यदि ये दस करोड़ अंग्रेज सब मर जाएँ, सिर्फ पुरोहित-कुल बचा रहे, तो बीस वर्ष के बाद फिर दस करोड़ की उपज!

जहाज के हिलडोल से बहुतों को सिरदर्द होने लगा है। टूटल नाम की छोटी सी लड़की अपने बाप के साथ जा रही है। उसकी माँ नहीं है। हम लोगों की निवेदिता टूटल और बोगेश के लड़कों की माँ बन बैठी है। टूटल बाप के पास मैसूर में पत्नी है; बाप प्लांटर है। टूटल से मैंने पूछा, "टूटल, तुम कैसी हो?" टूटल ने कहा, "यह बांग्ला अच्छा नहीं, बहुत झूमता है; और मेरी तबीयत नासाज होती है।" टूटल के निकट सभी घर मानो बंगले हैं। बोगेश के एक छोटे बच्चे की देखभाल करनेवाला कोई भी नहीं हैं। बेचारा दिन भर डेक के काठ पर ठनकता फिरता है। वृद्ध कप्तान रह-रहकर कमरे से निकलकर उसे चम्मच से शोरबा पिला जाता है और उसका पैर दिखाकर कहता है, "कितना दुबला लड़का है, कितना बेबरदाश्त?"

जहाज के हिलडोल से बहुतों को सिरदर्द होने लगा है। टूटल नाम की छोटी सी लड़की अपने बाप के साथ जा रही है। उसकी माँ नहीं है। हम लोगों की निवेदिता टूटल और बोगेश के लड़कों की माँ बन बैठी है। टूटल बाप के पास मैसूर में पत्नी है; बाप प्लांटर है। टूटल से मैंने पूछा, "टूटल, तुम कैसी हो?"

बहुत से लोग अनंत सुख चाहते हैं। सुख अनंत होने से दुःख भी अनंत होता—फिर? तब क्या हम लोग एडेन पहुँच भी सकते? भाग्य से सुख-दुःख कुछ भी अनंत नहीं, इसलिए तो छह दिन का रास्ता चौदह दिन में, दिन-रात तूफान और बादलों के भीतर से गुजरकर भी अंत में हम लोग एडेन पहुँच ही गए। कोलंबो से जितना आगे बढ़ा जाता है, उतनी ही हवा भी बढ़ती है,

उतना ही आसमान, ताल-तलाइयाँ, उतनी ही वृष्टि, उतना ही हवा का जोर, उतनी ही तरंगें—उस हवा, उन तरंगों को ठेलकर कभी जहाज चल सकता है? जहाज की गति आधी हो गई, सकोत्रा द्वीप के आसपास पहुँचकर। हवा निहायत बढ़ गई। कप्तान ने कहा, "इस जगह मानसून का केंद्र है। इसे पार कर सकने पर ही क्रमशः शांत समुद्र मिलेगा।" और ऐसा ही हुआ। यह दुःस्वप्न भी कटा।

8 तारीख की शाम को एडेन। किसी को उतरने नहीं दिया जाएगा, काला-गोरा नहीं मानते। कोई सामान भी उठाने नहीं दिया जाएगा। देखने लायक चीजें भी खास कुछ नहीं हैं। केवल बालू और बालू—राजपूताने का भाव—वृक्षहीन तृणहीन पहाड़। पहाड़ के भीतर-ही-भीतर किला और ऊपर पलटन की बैठक है। सामने अर्द्धचंद्राकृति में होटल और दुकानें जहाज से दिखलाई पड़ रही हैं। बहुत से जहाज लगे हुए हैं। एक अंग्रेजी लड़ाई का जहाज आया, एक जर्मनी का भी; बाकी सब माल या यात्रियों के जहाज हैं। उस बार का एडेन देखा हुआ है।

8 तारीख की शाम को एडेन। किसी को उतरने नहीं दिया जाएगा, काला-गोरा नहीं मानते। कोई सामान भी उठाने नहीं दिया जाएगा। देखने लायक चीजें भी खास कुछ नहीं हैं। केवल बालू और बालू—राजपूताने का भाव—वृक्षहीन तृणहीन पहाड़। पहाड़ के भीतर-ही-भीतर किला और ऊपर पलटन की बैठक है।

पहाड़ के पीछे देशी पलटन का छावनी बाजार है। वहाँ से कुछ मील चलने पर पहाड़ के किनारे बड़े-बड़े गड्ढे तैयार किए हुए हैं। उनमें बरसात का पानी जमता है। पहले उस पानी का ही भरोसा था। अब यंत्र के योग से समुद्र के जल को भाप बना, फिर जमाकर साफ पानी तैयार हो रहा है, लेकिन है यह महँगा मानो एडेन भारत का ही एक शहर हो। देशी फौज, देशी लोग बहुत से हैं। पारसी दुकानदार और सिंधी व्यापारी व्यापारी बहुत हैं। यह एडेन बहुत प्राचीन स्थान है। रोमन बादशाह कान्स्टांसिउस ने एक दल पादरी

भेजकर यहाँ क्रिस्तान धर्म का प्रचार कराया था। बाद में, अरब लोगों ने उन क्रिस्तानों को मार डाला। इससे रोम के सुल्तान ने प्राचीन क्रिस्तान हबूशी देश के बादशाह से उन्हें सजा देने का अनुरोध किया। हबूशी राजा ने फौज भेजकर एडेन के अरबों को सख्त सजा दी। बाद में, एडेन ईरान के 'सामा-निडी' बादशाहों के हाथ में गया। इन्हीं लोगों ने, सुना जाता है, पानी के लिए सब गड्ढे खुदवाए थे। इसके बाद मुसलमान धर्म के अभ्युदय के पश्चात् एडेन अरबों के हाथ में गया। कुछ काल बाद पुर्तगाली सेनापति ने उस स्थान पर कब्जा करने के लिए व्यर्थ प्रयत्न किया था। बाद में तुर्की सुल्तान ने उस जगह को पुर्तगालियों को भारत महासागर से भगाने के लिए दरियाई जंगी जहाजों का बंदर बनाया।

फिर वह नजदीक के अरब मालिकों के अधिकार में गया। इसके बाद अंग्रेजों ने खरीदकर वर्तमान एडेन तैयार किया है। अब हर एक शक्तिशाली जाति के जंगी जहाज दुनिया भर में घूमते-फिरते हैं। कहाँ, कौन सा बखेड़ा हो रहा है, उसमें सभी लोग दो बातें कहना चाहते हैं।

फिर वह नजदीक के अरब मालिकों के अधिकार में गया। इसके बाद अंग्रेजों ने खरीदकर वर्तमान एडेन तैयार किया है। अब हर एक शक्तिशाली जाति के जंगी जहाज दुनिया भर में घूमते-फिरते हैं। कहाँ, कौन सा बखेड़ा हो रहा है, उसमें सभी लोग दो बातें कहना चाहते हैं। अपने बड़प्पन, स्वार्थ और वाणिज्य की रक्षा करना चाहते हैं। अतएव कभी-कभी कोयले की जरूरत पड़ जाती है। शत्रुओं की जगह से कोयला लेना लड़ाई के वक्त चल नहीं सकता, इसलिए प्रत्येक राष्ट्र अपने-अपने कोयला लेने के स्थान बनाना चाहते हैं। अच्छी-अच्छी जगहें तो अंग्रेजों ने ली हैं। इसके बाद फ्रांस ने; फिर जिसको जहाँ जगह मिली—छीनकर, खरीदकर, खुशामद करके—एक-एक जगह अपनाई है और अपना रहे हैं। स्वेज नहर अब यूरोप और एशिया का संयोग-स्थान है। वह फ्रांसीसियों के हाथ में है। इसीलिए अंग्रेजों ने एडेन में खूब डटकर अड्डा जमाया है और दूसरी-दूसरी जातियों ने भी लाल सागर के किनारे-

किनारे एक-एक जगह अपना ली है। कभी-कभी जगह को लेकर ही उल्टी तकरार छिड़ जाती है।

सात सौ साल के बाद पददलित इटली कितनी तकलीफ से अपने पैरों खड़ी हो सकी। खड़े होते ही सोचा, अरे, हम हो क्या गए? अब दिग्विजय करना होगा। यूरोप का एक टुकड़ा भी लेने की किसी को हिम्मत नहीं; सब मिलकर उसे (आक्रमणकारी) मारेंगे। एशिया का—बड़े-बड़े बाघ-भालुओं ने, अंग्रेज, रूस, फ्रेंच, डचों ने, कुछ रखा थोड़े ही है? अब बाकी हैं, दो-चार टुकड़े अफ्रीका के। इटली उसी तरफ चल पड़ी। पहले उत्तर अफ्रीका में चेष्टा की। वहाँ फ्रांस द्वारा खदेड़ी गई और भाग आई। इसके बाद अंग्रेजों ने लाल सागर के किनारे पर जमीन का एक टुकड़ा उसे दान दिया अर्थात् इस उद्देश्य से कि उसी केंद्र से, इटली हब्शी राज्य उदरसात् करें। इटली भी फौजफाटा देकर बढ़ी, लेकिन हब्शी बादशाह मेनेलिक् ने ऐसे जोर से मार भगाया कि अब इटली के लिए अफ्रीका छोड़कर जान बचाना आफत हो रहा है। फिर सुना है कि रूस तथा हबशियों की क्रिस्तानगी एक ही प्रकार की है, इसलिए रूस के बादशाह भीतर-भीतर हब्शियों के मददगार हैं।

सात सौ साल के बाद पददलित इटली कितनी तकलीफ से अपने पैरों खड़ी हो सकी। खड़े होते ही सोचा, अरे, हम हो क्या गए? अब दिग्विजय करना होगा। यूरोप का एक टुकड़ा भी लेने की किसी को हिम्मत नहीं; सब मिलकर उसे (आक्रमणकारी) मारेंगे। एशिया का—बड़े-बड़े बाघ-भालुओं ने, अंग्रेज, रूस, फ्रेंच, डचों ने, कुछ रखा थोड़े ही है? अब बाकी हैं, दो-चार टुकड़े अफ्रीका के। इटली उसी तरफ चल पड़ी।

जहाज लाल सागर के भीतर से जा रहा है। पादरी ने कहा, "यही लाल सागर है, यहूदी नेता मूसा ने अपने दल के साथ इसे पैदल पार किया था और उन्हें पकड़ ले जाने के लिए मिस्र के बादशाह फेरों ने जो फौज भेजी थी, वह

फौज-की-फौज रथ के पहिए गढ़ जाने से—कर्ण की तरह अटककर—पानी में डूबकर मर गई।"

पादरी ने और भी कहा कि यह बात आजकल की विज्ञान-युक्ति से प्रमाणित की जा सकती है। अब सब धर्मों की अजब-अजब कथाएँ विज्ञान की युक्ति द्वारा प्रमाणित करने की एक लहर उठ पड़ी है। मियाँ! अगर प्राकृतिक नियम से यह सब हो सकता है तो फिर तुम्हारे 'यावे' देवता बीच में क्यों टपक पड़ते हैं? बड़ी मुश्किल है! यदि विज्ञान विरुद्ध हो, तो वे करामातें और तुम्हारा धर्म मिथ्या है। यदि विज्ञान-सम्मत हो तो भी तुम्हारे देवता की महिमा व्यर्थ की बकवास है और बाकी सब प्राकृतिक घटना की तरह आप-ही-आप हुआ है!

पादरी ने और भी कहा कि यह बात आजकल की विज्ञान-युक्ति से प्रमाणित की जा सकती है। अब सब धर्मों की अजब-अजब कथाएँ विज्ञान की युक्ति द्वारा प्रमाणित करने की एक लहर उठ पड़ी है। मियाँ! अगर प्राकृतिक नियम से यह सब हो सकता है तो फिर तुम्हारे 'यावे' देवता बीच में क्यों टपक पड़ते हैं? बड़ी मुश्किल है! यदि विज्ञान विरुद्ध हो, तो वे करामातें और तुम्हारा धर्म मिथ्या है।

पादरी बोगेश ने कहा, "मैं इतना यह कुछ नहीं जानता, मैं विश्वास करता हूँ।" यह बात बुरी नहीं, यह सह्य है, परंतु वह जो ऐसे लोगों का दल है, जो दूसरों के दोष दिखाने में, विरुद्ध युक्ति देने में कैसे तैयार है, पर स्वयं के संबंध में कहते हैं, 'मैं विश्वास करता हूँ, मेरा मन गवाही दे रहा है'—उनकी बातें बिल्कुल असह्य हैं। बलिहारी है उनकी! उनके मन है कहाँ? छटाँक तो है नहीं। दूसरों के सब कुसंस्कार हैं, खासतौर से जिन्हें साहबों ने कहा है, और आप स्वयं ईश्वर के संबंध में अजीब कल्पना करके रोते हैं, तो रोते ही हैं!"

जहाज क्रमशः उत्तर की तरफ चल रहा है। यह लाल सागर का किनारा प्राचीन सभ्यता का एक महाकेंद्र है। वह उस पार अरब की मरुभूमि है;

इस पार मिस्र। यह वही प्राचीन मिस्र है; यही मिस्री पुल्ट देश से (संभवतः मालाबार से), लाल सागर पार होकर, कितने हजार वर्ष पहले धीरे-धीरे राज्य विस्तार कर उत्तर पहुँचे थे। इनकी शक्ति का, राज्य का और सभ्यता का विस्तार एक आर्श्चजनक घटना है। यवन लोग इनके शिष्य हैं। इनके बादशाहों के पिरामिड नाम के समाधि-मंदिर आश्चर्यजनक हैं और नारियों की सिंही मूर्तियाँ भी। इनकी लाशें भी आज तक विद्यमान हैं! बावरी बाल, बिना काँछा के सफेद धोती पहने हुए, कानों में कुंडल। मिस्री लोग सब इसी देश में वास करते थे। हिक्स वंश, फेरो वंश, ईरानी बादशाही, सिकंदर, टालेमी वंश और रोमन एवं अरबी वीरों की रंगभूमि यही मिस्र है। उतने युग पहले ये लोग अपना वृत्तांत पापिरस पत्रों में, पत्थरों पर, मिट्टी के बरतनों पर, चित्राक्षरों से खूब सावधानी से लिख गए हैं।

इस भूमि में आइसिस की पूजा हुई और होरेस का प्रादुर्भाव हुआ। इस प्राचीन मिस्रियों के मत से, आदमी के मर जाने पर उसका सूक्ष्म शरीर टहलता फिरता है और मृत देह का कोई अनिष्ट होते ही सूक्ष्म शरीर को चोट लगती है तथा मृत शरीर का ध्वंस होने पर सूक्ष्म शरीर का संपूर्ण नाश हो जाता है। इसीलिए शरीर-रक्षा की इतनी चेष्टा की गई है। इसलिए राजाओं-बादशाहों के पिरामिड उठे हैं। कितना कौशल! कितना परिश्रम! अहा, सभी विफल! उन्हीं पिरमिडों को खोदकर, अनेक कौशल के रास्तों का रहस्य भेदकर, रत्नों के लोभ से दस्युओं ने उस राजशरीर की चोरी की है। आज की बात नहीं, प्राचीन मिस्रियों ने स्वयं ही किया है। पाँच-सात सौ वर्ष पहले ये सब सूखे हुए मुरदे, यहूदी और अरब डॉक्टर महौषधि समझकर

इस भूमि में आइसिस की पूजा हुई और होरेस का प्रादुर्भाव हुआ। इस प्राचीन मिस्रियों के मत से, आदमी के मर जाने पर उसका सूक्ष्म शरीर टहलता फिरता है और मृत देह का कोई अनिष्ट होते ही सूक्ष्म शरीर को चोट लगती है तथा मृत शरीर का ध्वंस होने पर सूक्ष्म शरीर का संपूर्ण नाश हो जाता है।

यूरोप भर के रोगियों को खिलाते थे। अब भी शायद वही यूनानी हकीमी की असल 'मूमिया' है!

इसी मिस्र में टोलेमी बादशाह के वक्त सम्राट् अशोक ने धर्म-प्रचारक भेजे थे। वे लोग धर्म-प्रचार करते थे, रोग अच्छा करते थे, निरामिषी होते थे, विवाह नहीं करते थे, संन्यासी शिष्य करते थे। उन लोगों ने अनेक संप्रदायों की सृष्टि की—थेरापिउट, अस्सिनी, मानिकी आदि-आदि—जिनसे वर्तमान ईसाई धर्म का उद्‌भव हुआ। यही मिस्र, टोलेमियों के राज्यकाल में, सर्व विद्याओं का केंद्र हो गया था। इसी मिस्र में वह अलेक्जेंद्रिया नगर है, जहाँ का विद्यालय, पुस्तकालय तथा जहाँ के विद्वान् सारे संसार में प्रसिद्ध हुए थे, जो अलेक्जेंद्रिया मूर्ख, कट्टर, इतर क्रिस्तानों के हाथ पड़कर ध्वंस हो गया—पुस्तकालय भस्म राशि हो गया—विद्या का सर्वनाश हो गया! अंत में उस विदुषी नारी (हाइपेशिया) को क्रिस्तानों ने मार डाला था, उसकी नग्न देह को रास्ते-रास्ते सब प्रकार से वीभत्स रूप से अपमान कर खींचते फिरे थे, अस्थि से एक-एक टुकड़ा मांस से अलग कर डाला था।

इसी मिस्र में टोलेमी बादशाह के वक्त सम्राट् अशोक ने धर्म-प्रचारक भेजे थे। वे लोग धर्म-प्रचार करते थे, रोग अच्छा करते थे, निरामिषी होते थे, विवाह नहीं करते थे, संन्यासी शिष्य करते थे। उन लोगों ने अनेक संप्रदायों की सृष्टि की—थेरापिउट, अस्सिनी, मानिकी आदि-आदि—जिनसे वर्तमान ईसाई धर्म का उद्‌भव हुआ।

और दक्षिण में वीर-प्रसू अरब की मरुभूमि है। कभी अलखल्ला झुलाए, पश्मीने लच्छों का एक बड़ा सा मोटा रूमाल सिर से कसे हुए, 'बेडाईन' अरबों को देखा है? वह चलन, वह बड़े होने का कायदा, वह चितवन और किसी देश में नहीं है। आपादमस्तक मरुभूमि की अनवरुद्ध हवा की स्वाधीनता फूटकर निकल रही है—वही अरब। जब क्रिश्चियनों की कट्टरता और गाथों की बर्बरता ने प्राचीन यूनान और रोमन सभ्यतालोक का निर्वाण कर दिया,

जब ईरान अपने अंत की दुर्गंध को सोने के पत्रों से मढ़ने की लगातार चेष्टा कर रहा था, जब भारत में पाटलिपुत्र और उज्जयिनी के गौरवसूर्य अस्ताचल को ढल गए तथा जब मूर्ख क्रूर राजनयवर्ग में आंतरिक भयानक अश्लीलता और कामपूजा की गंदगी फैली हुई थी, उसी समय यह नगण्य पशुवत् अरब जाति बिजली की तरह संसार भर में फैल गई।

वह जहाज मक्का से आ रहा है—यात्रियों से भरा हुआ; वह देखो—यूरोपियन पोशाक पहने हुए तुर्क, आधे यूरोपियन वेश में मिस्री, वह सीरियावासी मुसलमान ईरानी पोशाक में और वह असल अरब धोती पहले हुए बिना काँछ की। मुहम्मद के पहले काबा के मंदिर में नंगे होकर प्रदक्षिणा करनी पड़ती थी। उनके समय से एक धोती लपेटनी पड़ती है। इसीलिए हमारे मुसलमान लोग नमाज के समय इजारबंद तथा धोती की काँछ खोल देते हैं। अब अरबों के वे दिन चले गए हैं। लगातार काफरी, सिद्दी, हब्शी खून पैवस्त होने से चेहरा, उद्यम, सब बदल गया है—रेगिस्तान के अरब 'पुनर्मूषक' हो गए हैं। जो लोग उत्तर में हैं, वे तुर्कों के राज्य में बसते हैं—चुपचाप, लेकिन सुल्तान की क्रिस्तान रिआया तुर्कों से घृणा करती है और अरबों को प्यार; वे लोग कहते हैं, अरब लोग पढ़-लिखकर भले आदमी होते हैं, उतने शरारती नहीं। असली तुर्की क्रिस्तानों पर बड़ा ही अत्याचार करते हैं।

वह जहाज मक्का से आ रहा है—यात्रियों से भरा हुआ; वह देखो—यूरोपियन पोशाक पहने हुए तुर्क, आधे यूरोपियन वेश में मिस्री, वह सीरियावासी मुसलमान ईरानी पोशाक में और वह असल अरब धोती पहले हुए बिना काँछ की। मुहम्मद के पहले काबा के मंदिर में नंगे होकर प्रदक्षिणा करनी पड़ती थी।

रेगिस्तान बहुत गरम होता है, पर वह गरमी हानिकारक नहीं होती। उसमें कपड़े से देह और सिर को ढके रखने से फिर कोई भय नहीं। शुष्क गरमी कमजोर तो करती ही नहीं, वरन् विशेष बलकारक है। राजपूताना, अरब,

अफ्रीका के आदमी इसके निदर्शक हैं। मारवाड़ के किसी-किसी जिले के आदमी, बैल, घोड़े आदि सब सबल और बड़े आकार के होते हैं। अरबी आदमियों और सिद्दियों को देखने से आनंद होता है। जहाँ नम गरमी होती है, जैसे बंगाल प्रदेश की; वहाँ शरीर बहुत ही शिथिल पड़ जाता है और सब लोग कमजोर होते हैं।

लाल सागर के नाम से यात्रियों का कलेजा काँप उठता है—बड़ी गरमी होती है, तिस पर यह गरमी का मौसम। डेक पर बैठा हुआ, जो जिस तरह बैठ सका, किसी भयानक दुर्घटना की कहानी सुना रहा है। कप्तान सबसे ऊँचे गले से हाँक रहे हैं। वे बोले, कुछ दिन पहले एक चीनी जंगी जहाज इसी लाल सागर से जा रहा था, उसका कप्तान और आठ कोयलेवाले खलासी गरमी से मर गए।

लाल सागर के नाम से यात्रियों का कलेजा काँप उठता है—बड़ी गरमी होती है, तिस पर यह गरमी का मौसम। डेक पर बैठा हुआ, जो जिस तरह बैठ सका, किसी भयानक दुर्घटना की कहानी सुना रहा है। कप्तान सबसे ऊँचे गले से हाँक रहे हैं।

वास्तव में कोयलावाला तो आग के कुंड में खड़ा रहता है, उस पर लाल सागर की भयानक गरमी। कभी-कभी वह पागलों की तरह ऊपर दौड़ता हुआ, आकर पानी में कूद पड़ता है और डूबकर मर जाता है, कभी तो गरमी से नीचे ही मर जाता है।

ये सब कहानियाँ सुनकर हड़कंप होने ही को था। पर भाग्य अच्छे थे कि हम लोगों को कुछ विशेष गरमी नहीं मालूम हुई। हवा दक्षिणी न होकर उत्तर की तरफ से आने लगी—यह भूमध्य सागर की ठंडी हवा थी।

14 जुलाई को लाल सागर पार होकर जहाज स्वेज पहुँचा। सामने स्वेज नहर है। जहाज पर स्वेज में उतारने के लिए माल है, किंतु इस समय मिस्र में प्लेग देवता का आगमन हुआ है, और हम लोग ला रहे हैं प्लेग। संभवत: इसलिए दुतरफा छुआछूत का डर है। इस छुआछूत की बला के पास हमारी देशी छुआछूत की बला कहाँ लगती है ? माल उतरेगा, लेकिन स्वेज

के कुली जहाज न छू सकेंगे। जहाज के खलासी बेचारों के लिए आफत है और क्या ? वे ही कुली बनकर क्रेन से माल उठाकर नीचे स्वेज की नावों पर डाल रहे हैं—वे लोग माल लेकर किनारे जा रहे हैं। कंपनी के एजेंट छोटी सी लाँच पर चढ़कर जहाज के पास आए हुए हैं, चढ़ने का हुक्म नहीं है। कप्तान के साथ जहाज और नाव पर ये ही बातचीत हो रही है। यह भारत तो है नहीं कि गोरा आदमी प्लेग-कानून-सानून सबके पार है—यहीं से यूरोप का आरंभ है। स्वर्ग पर कहीं मूषिकवाहन प्लेग न चढ़ जाए, इसलिए इतना सब इंतजाम है। प्लेग-विष प्रवेश से दस दिन के अंदर फूट निकलता है, इसलिए दस दिन तक अटकाव रहता है! हम लोगों को दस दिन हो गए हैं। चलो, बला टल गई है, लेकिन किसी मिस्री आदमी को छू लेने पर, तो फिर दस दिन का अटकाव हो जाएगा। तब तो फिर नेपल्स में भी आदमी न उतारे जाएँगे, मर्साइ में भी नहीं—इसलिए, जो कुछ काम हो रहा है, सब मनमौजी; इसीलिए धीरे-धीरे माल उतारते हुए सारा दिन लग जाएगा। रात को जहाज अनायास ही नहर पार कर सकता है, यदि सामने बिजली का प्रकाश पा जाए, लेकिन वह सर्चलाइट पहनाने के समय स्वेज के आदमी को जहाड़ छूना होगा, बस—दस दिन 'क्वारनटीन'। इसलिए रात को भी जाना न होगा। चौबीस घंटों तक यहीं पड़े रहो, स्वेज बंदर में। यह बड़ा सुंदर प्राकृतिक बंदर है, प्राय: तीन तरफ बालू के टीले और पहाड़ हैं, जल भी खूब गहरा है। पानी में असंख्य मछलियाँ और शार्क तैरते फिरते हैं। इस बंदर में और ऑस्ट्रेलिया के सिडनी बंदर में जितने शार्क हैं, उतने दुनिया में और कहीं नहीं—घात में पाया कि आदमी को चट कर गए। पानी में उतरता कौन है ? साँप और शार्क के साथ आदमी की

यह भारत तो है नहीं कि गोरा आदमी प्लेग-कानून-सानून सबके पार है—यहीं से यूरोप का आरंभ है। स्वर्ग पर कहीं मूषिकवाहन प्लेग न चढ़ जाए, इसलिए इतना सब इंतजाम है। प्लेग-विष प्रवेश से दस दिन के अंदर फूट निकलता है, इसलिए दस दिन तक अटकाव रहता है!

भी जानी दुश्मनी है। आदमी भी घात में पाकर इन्हें छोड़ता नहीं।

सुबह खाने-पीने के पहले ही सुना कि जहाज के पीछे बड़े-बड़े शार्क तैर रहे हैं। पानी के भीतर जीवित शार्क पहले और कभी नहीं देखे थे। उस बार आने के समय स्वेज में जहाज थोड़ी देर के लिए ही ठहरा था, वह भी शहर के किनारे। शार्क की खबर सुनकर ही हम लोग झट हाजिर हुए। सेकेंड क्लास जहाज के पिछले हिस्से के ऊपर है, उसी छत से रेलिंग पकड़कर कतार-की-कतार स्त्री-पुरुष, लड़के-लड़कियाँ झुककर शार्क देख रहे हैं। हम लोग जब हाजिर हुए, तब शार्क मियाँ जरा हट गए थे; मन बड़ा क्षुब्ध हुआ, परंतु देखता हूँ, पानी में 'गांधाड़ा' (लंबे साँप की तरह की एक मछली) की तरह एक प्रकार की मछलियाँ झुंड-की-झुंड तैर रही हैं। और एक तरह की बिल्कुल छोटी मछलियाँ जल पर छप-छप करती हुई तैर रही हैं। बीच में एक तरह की बड़ी मछली, बहुत कुछ हिलसा की शक्ल की, तीर की तरह इधर-उधर चक्कर मार रही है।

सुबह खाने-पीने के पहले ही सुना कि जहाज के पीछे बड़े-बड़े शार्क तैर रहे हैं। पानी के भीतर जीवित शार्क पहले और कभी नहीं देखे थे। उस बार आने के समय स्वेज में जहाज थोड़ी देर के लिए ही ठहरा था, वह भी शहर के किनारे। शार्क की खबर सुनकर ही हम लोग झट हाजिर हुए।

मन में आया, शायद ये शार्क के बच्चे हैं, परंतु पूछने पर मालूम हुआ, नहीं, यह बात नहीं। इनका नाम है—'बानिटो'। पहले इनके संबंध में पढ़ा था। याद आया कि मालद्वीप से वे सुखाकर हुड़ी नामक जहाज पर लादकर लाई जाती हैं और यह भी सुना था कि इनका मांस लाल और स्वादिष्ट होता है। अब इनका तेज और बल देखकर बड़ी खुशी हुई। इतनी बड़ी मछली तीर की तरह पानी के भीतर तैर रही है और उस समुद्र का काँच की तरह पानी—उसकी हर एक अंग-भंगिमाएँ दिखाई पड़ रही हैं। बीस मिनट, आध घंटे तक 'बानिटो' का इस प्रकार दौड़ना-धूपना तथा छोटी-छोटी मछलियों का किलबिलाना देखता रहा। आध घंटा, पौन घंटा बीत गया—जी ऊबने लगा कि एक चिल्ला

उठा, वह-वह! दस बारह आदमी कह उठे, 'वह आ रहा है'!

निगाह उठाकर देखता हूँ, दूर तक बड़ी सी काली चीज तैरती हुई आ रही है, पाँच-सात इंच पानी के नीचे क्रमशः वह वस्तु आगे आने लगी। बड़ा सा चपटा सिर नजर आया; वह निर्द्वंद्व चाल? 'बानिटो' का सर्र-सर्रपन उसमें नहीं, परंतु एक दफा गरदन फेरने से ही एक बड़ी सी भँवर उठी। भीषण मत्स्य है; गंभीर चाल से चला आ रहा है और आगे-आगे दो-एक छोटी मछलियाँ हैं और कुछ छोटी मछलियाँ उसकी पीठ पर, देह पर, पेट पर खेलती-फिरती हैं। कोई-कोई तो 'कौतुक कूदि चढेउ ता ऊपर।' यही थे, सांगोपांग शार्क महाशय! जो मछलियाँ शार्क के आगे-आगे जा रही हैं, उन्हें 'आडकाठी मत्स्य—पायलट फिश' कहते हैं। वे शार्क को शिकार दिखा देती हैं और शायद कुछ प्रसादस्वरूप पा भी जाती हैं।

निगाह उठाकर देखता हूँ, दूर तक बड़ी सी काली चीज तैरती हुई आ रही है, पाँच-सात इंच पानी के नीचे क्रमशः वह वस्तु आगे आने लगी। बड़ा सा चपटा सिर नजर आया; वह निर्द्वंद्व चाल? 'बानिटो' का सर्र-सर्रपन उसमें नहीं, परंतु एक दफा गरदन फेरने से ही एक बड़ी सी भँवर उठी। भीषण मत्स्य है; गंभीर चाल से चला आ रहा है और आगे-आगे दो-एक छोटी मछलियाँ हैं और कुछ छोटी मछलियाँ उसकी पीठ पर, देह पर, पेट पर खेलती-फिरती हैं।

किंतु शार्क का मुँह बाना देखकर वे सफल होती होंगी, कहा नहीं जा सकता। जो मछलियाँ इधर-उधर घूमती रहती हैं, पीठ के ऊपर चढ़कर बैठती हैं, उन्हें ही 'शार्क-चोषक' कहते हैं। उनकी बगल में प्रायः चार इंच चौड़ा, चपटा, गोलाकार एक स्थान है, जैसा अंग्रेजी जूते के रबर के तल्ले में खुरखुरा सकरपारा कटा रहता है, वैसा ही उसके बीच में भी कटा रहता है। उसी स्थान को शार्क के शरीर से लगाकर ये मछलियाँ उससे चिमटकर धरती हैं। इसीलिए मालूम पड़ता है कि वे शार्क के पेट और पीठ पर चढ़कर चलती हैं। लोग कहते हैं, ये सब शार्क

के शरीर पर के कीड़े-मकोड़े खाकर जिंदा रहती हैं। इन दोनों प्रकार की मछलियों से बिना परिवेष्टित हुए शार्क चल ही नहीं सकता और शार्क इन्हें अपना सहायक और मुसाहिब समझकर कुछ नहीं कहता। यह मछली एक बंसी में फँस गई। उसे जूते से दबा देने पर जब जूता उठ गया, तो वह जूते के साथ चिमटकर उठने लगी। इसी प्रकार वे शार्क के शरीर में चिमट जाती हैं।

सेकेंड क्लास के लोग बड़े उत्साही थे। उनमें एक फौजी था, जिसके उत्साह की सीमा न थी। वह जहाज में से कहीं से ढूँढ़कर एक बहुत बड़ा सा काँटा ले आया। उसने उस काँटे में प्रायः एक सेर मांस एक मजबूत रस्सी से कसकर बाँध दिया। चार हाथ छोड़कर एक बड़ा सा काठ सलका के तौर पर बाँधा गया। इसके बाद सलका सहित डोर छप से पानी में फेंक दी गई।

जहाज के नीचे एक पुलिस की नाव हम लोगों के आने के समय से पहरा दे रही है कि कहीं बाहर जमीन से हम लोगों को किसी तरह की छुआछूत न हो जाए। उसी नाव पर दो आदमी मौज से खर्राटे ले रहे थे और यात्रियों के विशेष घृणा के पात्र हो रहे थे। अब वे सब बड़े मित्र हो गए। पुकार-पर-पुकार दी जाने लगी।

जहाज के नीचे एक पुलिस की नाव हम लोगों के आने के समय से पहरा दे रही है कि कहीं बाहर जमीन से हम लोगों को किसी तरह की छुआछूत न हो जाए। उसी नाव पर दो आदमी मौज से खर्राटे ले रहे थे और यात्रियों के विशेष घृणा के पात्र हो रहे थे। अब वे सब बड़े मित्र हो गए। पुकार-पर-पुकार दी जाने लगी। अरब मियाँ आँखें रगड़ते हुए उठकर खड़े हो गए। कोई बखेड़ा तो कहीं नहीं उठ खड़ा हुआ, यह सोचकर कमर कसने की तैयारी कर रहे थे कि उन्हें मालूम हुआ कि यह इतनी पुकार सिर्फ उन्हें धन्नी के आकार का वह डोर से बँधा हुआ सलका, चारे के साथ कुछ दूर हटा देने की अनुरोध-ध्वनि मात्र थी। तब निःश्वास छोड़कर, खूब जोर से हँसते हुए उन्होंने एक बल्ली के सिरे से ठेलकर सलके को दूर हटा दिया और हम लोग उद्ग्रीव होकर, अँगूठों के सहारे खड़े होकर

बरामदे पर झुके हुए वह आता है—वह आता है, श्रीशार्क महाशय के लिए सचकितनयनं पश्यति तव पन्थानम् हो रहे थे!

और जिसके लिए आदमी इस प्रकार बेचैन रहता है, वह हमेशा जैसा करता है, वही हुआ—अर्थात् 'सखि, श्याम न आए', लेकिन सब दुःखों का एक अंत है। तब एकाएक जहाज से प्रायः दो सौ हाथ दूर, भिश्ती की मशक के आकार का क्या एक उभड़ पड़ा! साथ-ही-साथ 'वह शार्क, शार्क' की ध्वनि। चुप-चुप—लड़को! शार्क भाग जाएगा। अरे ऐ जी, सफेद टोपियाँ जरा उतार लो न। शार्क भड़क जो जाएगा—इस तरह की आवाजें कर्णकुहरों में जब तक प्रवेश कर रही हैं, तब तक वह लवण-समुद्र-जन्म शार्क बंसी-संलग्न शूकर-मांस के गोले को उदराग्नि में भस्मावशेष करने के विचार से चढ़े हुए पाल की नाव की तरह 'सों-सों' करता हुआ सामने आ पहुँचा। और पाँच हाथ आ जाए तो शार्क का मुँह चारे से लगे, लेकिन वह भीम पुच्छ जरा हिला—सीधी गति चक्राकार में बदल गई। अरे, शार्क तो चला गया जी, पर शीघ्र ही उसने फिर पूँछ जरा तिरछी की और वह प्रकांड शरीर घूमकर बंसी के सामने आ खड़ा हुआ। फिर सनसनाता हुआ आ रहा है—वह मुँह फैलाकर बंसी पकड़ता ही है। फिर वह पूँछ हिलने लगी और शार्क देह फेरकर दूर चला गया। फिर वह देखो, चक्कर काटकर आ रहा है, फिर मुँह फैलाया, वह चारा दबा लिया मुँह से, इसी समय—वह देखो चित हो गया; चारा खा लिया—खींचो, खींचो, चालीस-पचास आदमी, खींचो, जी-जान से

और जिसके लिए आदमी इस प्रकार बेचैन रहता है, वह हमेशा जैसा करता है, वही हुआ—अर्थात् 'सखि, श्याम न आए', लेकिन सब दुःखों का एक अंत है। तब एकाएक जहाज से प्रायः दो सौ हाथ दूर, भिश्ती की मशक के आकार का क्या एक उभड़ पड़ा! साथ-ही-साथ 'वह शार्क, शार्क' की ध्वनि। चुप-चुप—लड़को! शार्क भाग जाएगा। अरे ऐ जी, सफेद टोपियाँ जरा उतार लो न।

खींचो। कितना जोर है! कितनी झटापट—कितना फैला मुँह! खींचो, खींचो। पानी से यह उठा, वह पानी में घूम रहा है, फिर चित हो रहा है, खींचो, खींचो। अरे, चारा खुल गया! ऐ! शार्क भाग गया। बताओ भला, तुम लोगों को इतनी क्या जल्दी थी? जरा भी समय न दिया चारा खाने का। बिना चित्त हुए कभी खींचा जाता है? अब 'गतस्य शोचना नास्ति'; शार्क महाशयजी तो बंशी छुड़ाकर लंबे हुए! 'पाइलट फिश' को उचित शिक्षा दी या नहीं, शह खबर नहीं मिली—लेकिन जनाब तो सीधे तीर-गति से भागे। फिर वह था भी 'बाघा', बाघ की तरह काले-काले डोरे लिये हुए। खैर, बाघा बंसी का सामीप्य छोड़ने के विचार से 'पायलट फिश' तथा 'चोषक' के सहित अदृश्य हो गया।

पलायमान 'बाघा' की देह से सटकर एक और विकट 'मुँहचपटा' चला आ रहा है। अहा! शार्क की भाषा नहीं है, नहीं तो 'बाघा' जरूर पेट की खबर उसे सुनाकर सावधान कर देता। जरूर कहता, 'देखो जी, सावधान रहना; वहाँ एक नया जानवर आया है, बड़ा स्वादिष्ट और खुशबूदार उसका मांस है, लेकिन कितना सख्त है हाड़ उसका!

परंतु अधिक हताश होने की जरूरत नहीं। वह देखो, "पलायमान 'बाघा' की देह से सटकर एक और विकट 'मुँहचपटा' चला आ रहा है। अहा! शार्क की भाषा नहीं है, नहीं तो 'बाघा' जरूर पेट की खबर उसे सुनाकर सावधान कर देता। जरूर कहता, 'देखो जी, सावधान रहना; वहाँ एक नया जानवर आया है, बड़ा स्वादिष्ट और खुशबूदार उसका मांस है, लेकिन कितना सख्त है हाड़ उसका! इतने काल से शार्कगीरी कर रहा हूँ, कितनी तरह के जानवर जीते हुए, मरे हुए, अधमरे-पेट के डाल लिये, कितने तरह के हाड़-गोड़, ईंट, पत्थर, काट-कूटकर पेट में भरे हैं, लेकिन इस हाड़ के सामने और सब मक्खन है जी, मक्खन! यह देखो न मेरे दाँतों की हालत, तालुओं की दशा क्या हो गई है?" कहकर एक बार वह आकटि-देश-विस्तृत मुख फैलाकर आगंतुक शार्क को अवश्य ही दिखाता। वह भी प्राचीन वय: सुलभ

अभिज्ञता के साथ 'चैठा' मत्स्य का पित्त, 'कुब्जे भेट्की' की प्लीहा, शंबूकों का ठंडा शोरबा आदि-आदि सामुद्रज महौषधियों का कोई-न-कोई इस्तेमाल करने के लिए उपदेश देता ही, लेकिन जब यह सबकुछ भी न हुआ, तब या तो शार्कों में भाषा का अत्यंत अभाव है या उनमें भाषा है, पर पानी में बातचीत नहीं की जा सकती! अतएव जब तक किसी प्रकार के अक्षरों का शार्कों में आविष्कार नहीं होता, तब तक उस भाषा का व्यवहार किस तरह हो सकता है? अथवा 'बाधा' ने आदमियों के लगाव में आदमियों की गंध पाई है, इसलिए 'मुँहचपटा' से असली खबर कुछ न कहकर, मुसकराकर, "अच्छे तो हो जी" कहकर सरक गया। "मैं अकेला ही ठगा जाऊँ?"

'आगे चले भगीरथ अपना शंख बजाकर, पीछे-पीछे गंगा आवें…' शंखध्वनि तो कुछ सुनाई नहीं पड़ती, लेकिन आगे-आगे चली हैं पायलट मछलियाँ और पीछे-पीछे प्रकांड शरीर हिलाते हुए आ रहे हैं, 'मुँहचपटा'। उनके आसपास नृत्य कर रही हैं, 'शार्क-चोषक' मछलियाँ। अहा, वह लोभ भी छोड़ा जाता है? दस हाथ दरिया के ऊपर झक-झक करता हुआ तेल बह रहा है, खुशबू कितनी दूर तक फैल रही है, यह 'मुँहचपटा' ही कह सकता है। इस पर वह दृश्य भी कैसा? सफेद, लाल, जर्द, एक ही जगह। असल अंग्रेजी सूअर का मांस, काले प्रकांड काँटे के चारों ओर बँधा हुआ पानी के भीतर हिल रहा है!

'आगे चले भगीरथ अपना शंख बजाकर, पीछे-पीछे गंगा आवें…' शंखध्वनि तो कुछ सुनाई नहीं पड़ती, लेकिन आगे-आगे चली हैं पायलट मछलियाँ और पीछे-पीछे प्रकांड शरीर हिलाते हुए आ रहे हैं, 'मुँहचपटा'। उनके आसपास नृत्य कर रही हैं, 'शार्क-चोषक' मछलियाँ। अहा, वह लोभ भी छोड़ा जाता है?

अबकी बार सब लोग चुप रहो, हिलना-डुलना नहीं; और देखो जल्दबाजी न करना, लेकिन रस्से के पास ही पास रहना। वह बंसी के किनारे-किनारे चक्कर काट रहा है! चारे को मुँह में लेकर हिला-डुलाकर

देख रहा है! देखने दो। चुप, चुप, अबकी बार चित हो गया। वह देखो, करवटिया निगल रहा है; चुप निगलने दो। तब 'मुँहचपटा' यथावसर करवट लेकर चारा निगलकर ज्योंही चलने को हुआ कि वैसे ही पड़ा खिंचाव! चौंका 'मुँहचपटा'। मुँह झाड़कर देखा, उसे फेंक देने के लिए कि सृष्टि हुई उल्टबासी की। काँटा गड़ गया और ऊपर से लड़के, बूढ़े और जवान सब 'दे खींच, रस्सा पकड़कर दे खींच' कहने लगे।

वह देखो, शार्क का सिर जल से ऊपर उठ आया। खींचो, भाइयो, खींचो। यह लो, आधा शार्क तो पानी के ऊपर आ गया। बाप रे बाप! कितना बड़ा मुँह है! यह तो सभी कुछ मुँह और गला है! खींचो, वह देखो, सब हिस्सा पानी से निकल आया। वह—वह, काँटा खूब बिंध गया है, होंठ के आर-पार हो गया है। खींचो। ठहरो, ठहरो; ओ अरब पुलिस माँझी! उसकी पूँछ की तरफ एक रस्सी तो बाँध दो; नहीं तो इतने बड़े जानवर को खींचकर उठाना कठिन होगा। सावधान होकर भाई, उसकी पूँछ की मार से घोड़े के पैर भी टूट जाते हैं। फिर खींचो, कितना भारी है? ओ माँ, वह क्या? ठीक तो है जी, इसके पेट के नीचे से वह झूल क्या रहा है? यह तो आँतें हैं। अपने बोझ से अपनी ही आँतें निकल आईं। खैर, इसे काट दो, पानी में गिर जाएँ, बोझ घट जाएगा! खींचो, भाइयो, खींचो। अरे, यह खून का फुहारा! कपड़े का अब मोह करने से न होगा। खींचो, यह आया। अब जहाज के ऊपर फेंको; भाई! होशियार, खूब होशियार, यदि यह किसी पर झपटेगा तो उसका पूरा हाथ काटकर खा जाएगा। और पूँछ, सावधान। अब रस्सा छोड़ दो। धप्प! बार रे!

वह देखो, शार्क का सिर जल से ऊपर उठ आया। खींचो, भाइयो, खींचो। यह लो, आधा शार्क तो पानी के ऊपर आ गया। बाप रे बाप! कितना बड़ा मुँह है! यह तो सभी कुछ मुँह और गला है! खींचो, वह देखो, सब हिस्सा पानी से निकल आया। वह—वह, काँटा खूब बिंध गया है, होंठ के आर-पार हो गया है। खींचो। ठहरो, ठहरो; ओ अरब पुलिस माँझी!

कितना बड़ा शार्क है! किस धमाके से जहाज पर गिरा। सावधानी की मार नहीं, उस काठवाली धन्नी से उसके सिर पर मारो, ओ जी, फौजीमैन! तुम सिपाही हो, यह तुम्हारा काम है। 'ठीक तो है।' खून से भरी देह, कपड़ा; फौजी यात्री वह काठवाली धन्नी उठाकर घमाघम देने लगा शार्क के सिर पर और औरतें—अहा कैसी बेदर्दी है, मारो मत आदि-आदि कहकर लगीं चिल्लाने; लेकिन देखना भी न छोड़ेंगी! इसके बाद उस वीभत्स संघटन का यही विराम किया जाए। किस तरह उस शार्क का पेट चीरा गया, किस तरह खून की नदी बहने लगी, किस तरह वह शार्क छिन्न अंग, भिन्न हृदय होकर भी कुछ देर तक काँपता रहा, हिलता रहा, किस तरह उसके पेट से अस्थि, चर्म, मांस, काठ के एकराशि टुकड़े निकले, ये सब बातें अब रहने दो। यहाँ तक जरूर हुआ कि उस दिन मेरे खाने-पीने की नौबत फिर नहीं आई। सब चीजों में उसी शार्क की बू मालूम होने लगीं।

यह स्वेज नहर खोदने के स्थापत्य का एक अद्भुत निदर्शन है। फर्डिनेंड लेसेप्स नाम के एक फ्रांसिसी ने यह नहर खुदवाई है। भूमध्य सागर और लोहित सागर का संयोग होने पर यूरोप और भारत के बीच व्यवसाय-वाणिज्य की एक बहुत बड़ी सुविधा हुई है। मानवजाति की उन्नति की वर्तमान अवस्था के लिए जितने कारण प्राचीन काल से काम कर रहे हैं, उनमें जान पड़ता है, भारत का वाणिज्य सबसे प्रधान है।

यह स्वेज नहर खोदने के स्थापत्य का एक अद्भुत निदर्शन है। फर्डिनेंड लेसेप्स नाम के एक फ्रांसिसी ने यह नहर खुदवाई है। भूमध्य सागर और लोहित सागर का संयोग होने पर यूरोप और भारत के बीच व्यवसाय-वाणिज्य की एक बहुत बड़ी सुविधा हुई है। मानवजाति की उन्नति की वर्तमान अवस्था के लिए जितने कारण प्राचीन काल से काम कर रहे हैं, उनमें जान पड़ता है, भारत का वाणिज्य सबसे प्रधान है। अनादि काल से उर्वरता और वाणिज्य-शिल्प में, भारत की तरह क्या कोई और देश है? दुनिया में

जो भी सूती कपड़े, रुई, पाट, नील, लाख, चावल, हीरे, मोती आदि का व्यापार 100 वर्ष पहले तक था, वह कुल भारत से जाया करता था। इसके अलावा नफीस रेशमी पश्मीना, कमखाब आदि इस देश की तरह कहीं भी न होता था। फिर लौंग, इलायची, मिर्च, जायफल, जावित्री आदि नाना प्रकार के मसाले का स्थान भी भारत ही है। इसलिए बहुत प्राचीन काल से ही जो देश जब सभ्य होता था, उसे इन सब वस्तुओं के लिए भारत के ही भरोसे पर रहना पड़ता था। यह वाणिज्य दो प्रधान मार्गों से होता था—एक स्थल मार्ग से, अफगानी, ईरानी देश होकर और दूसरा पानी के रास्ते, लाल सागर होकर। सिकंदर ने ईरान विजय के बाद नियार्कूस नामक सेनापति को जलमार्ग से सिंधु नद के मुख से गुजरनेवाले जलमार्ग को खोजने के लिए भेजा था। बेबीलोन, ईरान, ग्रीस, रोम आदि प्राचीन देशों का ऐश्वर्य कहाँ तक भारत के वाणिज्य पर टिका हुआ था, यह बहुत से लोग नहीं जानते। रोम के ध्वंस के बाद मुसलमानी बगदाद और इटैलियन, वेनिस तथा जिनेवा भारतीय वाणिज्य के प्रधान पाश्चात्य केंद्र हुए थे। जब तुर्कों ने रोम साम्राज्य दखल करके इटैलियनों के लिए भारत के वाणिज्य का रास्ता बंद कर दिया, तब जिनेवा निवासी स्पेनी क्रिस्टोफोर कोलंबस ने, अटलांतिक पार होकर भारत में आने का नया रास्ता निकालने की चेष्टा की। फल हुआ, अमेरिका महाद्वीप की खोज। अमेरिका पहुँचने पर भी कोलंबस का भ्रम नहीं गया कि वह भारत नहीं है, इसीलिए अमेरिका के आदिम निवासी लोग अब 'इंडियन' नाम से पुकारे जाते हैं। वेदों में सिंधु नद के 'सिंधु', 'इंदु',

एक स्थल मार्ग से, अफगानी, ईरानी देश होकर और दूसरा पानी के रास्ते, लाल सागर होकर। सिकंदर ने ईरान विजय के बाद नियार्कूस नामक सेनापति को जलमार्ग से सिंधु नद के मुख से गुजरनेवाले जलमार्ग को खोजने के लिए भेजा था। बेबीलोन, ईरान, ग्रीस, रोम आदि प्राचीन देशों का ऐश्वर्य कहाँ तक भारत के वाणिज्य पर टिका हुआ था, यह बहुत से लोग नहीं जानते।

दोनों नाम पाए जाते हैं; ईरानी लोगों ने उसे 'हिंदू' तथा ग्रीक लोगों ने 'इंडुस' बना डाला। उसी से इंडिया-इंडियन बना। मुसलिम धर्म के उदय के समय हिंदू ठहराए गए, काले (बुरे)। जिस तरह अब 'नेटिव'।

इधर पुर्तगाली लोगों ने भारत के लिए नया रास्ता अफ्रीका की प्रदक्षिणा करते हुए खोज निकाला। भारत की लक्ष्मी पुर्तगाल के ऊपर सदय हुई; बाद में फ्रांसीसियों, डचों, दिनेमार और अंग्रेजों पर। अंग्रेजों के यहाँ भारत का वाणिज्य और राजस्य सभी कुछ है; इसीलिए अंग्रेज अभी सबसे बड़ी जाति है, परंतु अब अमेरिका आदि देशों में भारत की चीजें बहुत जगह, भारत से भी उत्तम उत्पन्न होती हैं। इसीलिए भारत की अब उतनी कद्र नहीं। यह बात यूरोपियन लोग मानना नहीं चाहते। 'नेटिवों' से भरा हुआ भारत उनके धन और सभ्यता का प्रधान अवलंब और सहायक है, यह बात वे नहीं मानता चाहते, समझना भी नहीं चाहते और हम लोग भी बिना समझाए छोड़ेंगे? सोचकर देखो, बात क्या है? वे जो लोग किसान हैं, वे कोरी, जुलाहे जो भारत के नगण्य मनुष्य हैं, विजाति-विजित स्वजाति निंदित छोटी-छोटी जातियाँ हैं, वही लगातार चुपचाप काम करती जा रही हैं, अपने परिश्रम का फल भी नहीं पा रही हैं, परंतु धीरे-धीरे प्राकृतिक नियम से दुनिया में कितने परिवर्तन होते जा रहे हैं? देश, सभ्यता तथा सत्ता उलटते-पलटते जा रहे हैं। हे भारत के श्रमजीवियो, तुम्हारे नीरव, सदा ही निंदित हुए परिश्रम के फलस्वरूप बाबिल, ईरान, अलेक्जेंद्रिया, ग्रीस, रोम, वेनिस, जिनेवा, बगदाद, समरकंद, स्पेन,

इधर पुर्तगाली लोगों ने भारत के लिए नया रास्ता अफ्रीका की प्रदक्षिणा करते हुए खोज निकाला। भारत की लक्ष्मी पुर्तगाल के ऊपर सदय हुई; बाद में फ्रांसीसियों, डचों, दिनेमार और अंग्रेजों पर। अंग्रेजों के यहाँ भारत का वाणिज्य और राजस्य सभी कुछ है; इसीलिए अंग्रेज अभी सबसे बड़ी जाति है, परंतु अब अमेरिका आदि देशों में भारत की चीजें बहुत जगह, भारत से भी उत्तम उत्पन्न होती हैं।

पुर्तगाल, फ्रांसीसी, दिनेमार, डच और अंग्रेजों का क्रमान्वय से आधिपत्य हुआ और उनको ऐश्वर्य मिला है और तुम? कौन सोचता है, इस बात को? स्वामीजी! तुम्हारे पितृपुरुष दो दर्शन लिख गए हैं, दस काव्य तैयार कर गए हैं, दस मंदिर उठवाए गए हैं और तुम्हारी बुलंद आवाज से आकाश फट रहा है; और जिनके रुधिर-स्राव से मनुष्य जाति की यह जो कुछ उन्नति हुई है, उनके गुणों का गान कौन करता है? लोकजयी धर्मवीर, काव्यवीर, सबकी आँखों पर सबके पूज्य हैं; परंतु जहाँ कोई नहीं देखता, जहाँ कोई एक 'वाह-वाह' भी नहीं करता, जहाँ सब लोग घृणा करते हैं, वहाँ वास करती है अपार सहिष्णुता, अनन्य प्रीति और निर्भीक कार्यकारिता; हमारे गरीब, घर-द्वार पर दिन-रात मुँह बंद करके कर्तव्य करते जा रहे हैं, उसमें क्या वीरत्व नहीं है? बड़ा काम आने पर बहुतेरे वीर हो जाते हैं, दस हजार आदमियों को वाह-वाही के सामने का पुरुष भी सहज ही में प्राण दे देता है; घोर स्वार्थपर भी निष्काम हो जाता है; परंतु अत्यंत छोटे से कार्य में भी सबके अज्ञात भाव से जो वैसी ही निस्स्वार्थता, कर्तव्यपरायणता दिखाते हैं, वही धन्य हैं—वे तुम लोग हो—भारत के हमेशा के पैरों तले कुचले हुए श्रमजीवियो! तुम लोगों को मैं प्रणाम करता हूँ।

लोकजयी धर्मवीर, काव्यवीर, सबकी आँखों पर सबके पूज्य हैं; परंतु जहाँ कोई नहीं देखता, जहाँ कोई एक 'वाह-वाह' भी नहीं करता, जहाँ सब लोग घृणा करते हैं, वहाँ वास करती है अपार सहिष्णुता, अनन्य प्रीति और निर्भीक कार्यकारिता; हमारे गरीब, घर-द्वार पर दिन-रात मुँह बंद करके कर्तव्य करते जा रहे हैं, उसमें क्या वीरत्व नहीं है?

यह स्वेज नहर भी बहुत पुरानी है। प्राचीन मिस्र के फेरो बादशाह के समय कुछ खाड़ियों को जोड़कर एक नहर उभय समुद्र-स्पर्शी तैयार की गई। मिस्र में रोम-राज्य के शासन-काल में भी कभी-कभी उस नहर को मुक्त रखने की चेष्टा की गई थी। मुसलमान सेनापति अमरू ने मिस्र विजय करके

उस नहर का बालू निकाल और उसके अंग-प्रत्यंग को बदलकर एक प्रकार से उसे नया कर डाला।

इसके बाद किसी ने ज्यादा कुछ नहीं किया। तुर्की सुल्तान के प्रतिनिधि मिस्र के खेदिव इस्माइल ने फ्रांसीसियों के परामर्श और अधिकांशतः उनके अर्थ से यह नहर खुदवाई। इस नहर के लिए यह एक कठिनाई है कि मरुभूमि के भीतर से जाने के कारण यह बालू से भर जाती है। इस नहर से होकर एक बार में कोई एक ही बड़ा व्यावसायिक जहाज आ-जा सकता है। सुना है, बहुत बड़ा जंगी अथवा व्यवसाय का जहाज बिल्कुल ही नहीं आ-जा सकता। अब, एक जहाज जाता है और एक आता है। इन दोनों में टक्कर हो सकती है, इस विचार से नहर कुछ भागों में बाँट दी गई है और हर भाग के दोनों मुहानों में कुछ जगह ऐसी चौड़ी कर दी गई है कि दो-तीन जहाज एक जगह रह सकें। भूमध्य सागर के मुहाने में प्रधान कार्यालय है और हर विभाग में रेलवे स्टेशन की तरह स्टेशन हैं। उस प्रधान कार्यालय से जहाज के नहर में प्रवेश करने के बाद ही वे क्रमशः तार से खबर जाती रहती है। कितने जहाज आते हैं और कितने जाते हैं और प्रति क्षण कौन जहाज कहाँ पर है, इसकी खबर जा रही है और एक बड़े नक्शे में इसके निशान लगाए जा रहे हैं। एक के सामने कहीं दूसरा न आ जाए, इसलिए एक स्टेशन की आज्ञा पाए बिना जहाज दूसरे स्टेशन को नहीं जा सकता।

इसके बाद किसी ने ज्यादा कुछ नहीं किया। तुर्की सुल्तान के प्रतिनिधि मिस्र के खेदिव इस्माइल ने फ्रांसीसियों के परामर्श और अधिकांशतः उनके अर्थ से यह नहर खुदवाई। इस नहर के लिए यह एक कठिनाई है कि मरुभूमि के भीतर से जाने के कारण यह बालू से भर जाती है। इस नहर से होकर एक बार में कोई एक ही बड़ा व्यावसायिक जहाज आ-जा सकता है।

यह स्वेज नहर फ्रांसीसियों के हाथ में है। यद्यपि नहर कंपनी के

अधिकांश शेयर इस समय अंग्रेजों के हाथ में हैं, फिर भी सब काम फ्रांसीसी लोग ही करते हैं—यह राजनीतिक मीमांसा है।

अब भूमध्य सागर आया। भारत के बाहर ऐसा स्मृतिपूर्ण स्थान दूसरा नहीं है—एशिया, अफ्रीका प्राचीन सभ्यता के अवशेष हैं। एक जातीय रीति-नीति, भोजन-पान समाप्त हुआ; दूसरे प्रकार की आकृति-प्रकृतियों, आहार-विहारों, परिच्छेदों, आचार-व्यवहारों का आरंभ हुआ—यूरोप आया। सिर्फ इतना ही नहीं—अनेक जातियों, सभ्यता, विद्या और आचारों के बहुशताब्दिव्यापी, जिस महा सम्मिश्रण के फलस्वरूप यह आधुनिक सभ्यता पैदा हुई है, उस सम्मिश्रण का महाकेंद्र यहीं पर है। जो धर्म, जो विद्या, जो सभ्यता, जो महावीर्य आज भूमंडल पर व्याप्त है, भूमध्य सागर के ही चारों ओर उसकी जन्मभूमि है। उस दक्षिण में भास्कर्य विद्या का आगर, बहु-धन-धान्य-प्रसू, अति प्राचीन मिस्र है; पूर्व में फिनीसियन, फिलिस्तीन, यहूदी, साहसी बाबिल, आसीर और ईरानी सभ्यता की प्राचीन रंगभूमि—एशिया माइनर तथा उत्तर की ओर सर्वाश्चर्यमयी ग्रीक जाति का लीलाक्षेत्र है।

अब भूमध्य सागर आया। भारत के बाहर ऐसा स्मृतिपूर्ण स्थान दूसरा नहीं है—एशिया, अफ्रीका प्राचीन सभ्यता के अवशेष हैं। एक जातीय रीति-नीति, भोजन-पान समाप्त हुआ; दूसरे प्रकार की आकृति-प्रकृतियों, आहार-विहारों, परिच्छेदों, आचार-व्यवहारों का आरंभ हुआ—यूरोप आया।

स्वामीजी! देश-नदी-पहाड़-पर्वतों की कथाएँ तो बहुत तुमने सुनीं, अब कुछ प्राचीन कहानियाँ सुन लो। ये प्राचीन कहानियाँ बड़ी अद्‌भुत हैं। कहानियाँ ही नहीं—यह सत्य है; मनुष्य जाति का यथार्थ इतिहास है। ये सब प्राचीन देश काल-सागर में प्रायः लीन थे। जो कुछ आदमियों को मालूम था, वह प्रायः प्राचीन यवन ऐतिहासिकों की अद्‌भुत आख्यायिकाओं के रूप के प्रबंध अथवा बाइबिल नामक यहूदी पुराणों का अत्यद्‌भुत वर्णन मात्र है। अब पुराने पत्थर, घर-द्वार, टाली में लिखी किताबें और भाषा-विश्लेषण शत

मुखों से कहानियाँ सुना रहे हैं। ये कहानियाँ इस समय सिर्फ शुरू की गई हैं, लेकिन अभी ही कितने ताज्जुब में डालनेवाली बातें निकल पड़ी हैं। बाद में क्या निकलेगा, कौन जाने? देश-देशांतरों के बड़े-बड़े पंडित दिन-रात एक टुकड़ा शिलालेख या टूटा बरतन या एक मकान अथवा एक टाली लेकर दिमाग लड़ा रहे हैं और उस काल की लुप्त वार्त्ताएँ निकाल रहे हैं।

जब मुसलमान नेता ओसमान ने कांस्टान्टिनोप्स पर अधिकार किया, समस्त पूर्वी यूरोप में इसलाम की ध्वजा सगर्व उड़ने लगी, तब प्राचीन ग्रीकों की जो सब पुस्तकें, विद्या-बुद्धि उनके निर्वीर्य वंशधरों के पास छिपी हुई थीं, वे पश्चिमी यूरोप में भागे हुए ग्रीकों के साथ-साथ फैल गईं। ग्रीक लोग रोम के पैरों तले रहने पर भी विद्या और बुद्धि में रोमवालों के गुरु थे। यहाँ तक कि ग्रीकों के क्रिस्तान होने और ग्रीक भाषा में क्रिस्तान धर्मग्रंथों के लिखे जाने के कारण तमाम रोम साम्राज्य पर क्रिस्तान धर्म की विजय हुई, लेकिन प्राचीन ग्रीक, जिन्हें हम लोग यवन कहते हैं, जो लोग यूरोपियन सभ्यता के आदि गुरु हैं, उनकी सभ्यता का परम उत्थान क्रिस्तानों के बहुत पहले हुआ। क्रिस्तान होने के समय से ही उनकी विद्या-बुद्धि सब लुप्त हो गई, लेकिन हिंदुओं के घरों में जैसे पूर्व पुरुषों की विद्या-बुद्धि कुछ रक्षित है, उसी तरह क्रिस्तान ग्रीकों के पास थी; यही सब किताबें चारों तरफ फैल गईं। उसी से अंग्रेज, जर्मन, फ्रेंच आदि जातियों में पहली सभ्यता का उन्मेष हुआ। ग्रीक विद्या के सीखने की एक धूम सी मच गई। पहले जो कुछ उन पुस्तकों में था, वह हाड़ सहित निगल गया। इसके

जब मुसलमान नेता ओसेमान ने कांस्टान्टिनोप्स पर अधिकार किया, समस्त पूर्वी यूरोप में इसलाम की ध्वजा सगर्व उड़ने लगी, तब प्राचीन ग्रीकों की जो सब पुस्तकें, विद्या-बुद्धि उनके निर्वीर्य वंशधरों के पास छिपी हुई थीं, वे पश्चिमी यूरोप में भागे हुए ग्रीकों के साथ-साथ फैल गईं। ग्रीक लोग रोम के पैरों तले रहने पर भी विद्या और बुद्धि में रोमवालों के गुरु थे।

बाद जब बुद्धि मार्जित होने लगी और क्रमशः पदार्थविद्या का अभ्युत्थान होने लगा, तब उन सब ग्रंथों का समय, प्रणेता, विषय आदि की यथातथ्य गवेषणा चलने लगी। क्रिस्तानों के धर्मग्रंथों को छोड़कर प्राचीन क्रिस्तान ग्रीकों के कुल ग्रंथों पर मतामत जाहिर करने में कोई बाधा तो थी नहीं, इसलिए बाह्य और आभ्यंतरिक समालोचना की एक विद्या निकल पड़ी।

किसी पुस्तक में लिखा है कि अमुक समय, अमुक घटना हुई थी। किसी ने कृपापूर्वक किसी पुस्तक में कुछ लिख दिया है, इसीलिए क्या सब सच हो गया? विशेषतः उस काल के आदमी बहुत सी बातें कल्पना से लिखा करते थे। दूसरे, प्रकृति—यहाँ तक कि पृथ्वी के संबंध में भी ज्ञान थोड़ा था; यही सब कारण ग्रंथोक्त विषयों के सत्यासत्य-निर्णय में विषम संदेह पैदा करने लगे।

सोचो, किसी पुस्तक में लिखा है कि अमुक समय, अमुक घटना हुई थी। किसी ने कृपापूर्वक किसी पुस्तक में कुछ लिख दिया है, इसीलिए क्या सब सच हो गया? विशेषतः उस काल के आदमी बहुत सी बातें कल्पना से लिखा करते थे। दूसरे, प्रकृति—यहाँ तक कि पृथ्वी के संबंध में भी ज्ञान थोड़ा था; यही सब कारण ग्रंथोक्त विषयों के सत्यासत्य-निर्णय में विषम संदेह पैदा करने लगे। सोचो, एक ग्रीक ऐतिहासिक ने लिखा है कि अमुक समय भारत में चंद्रगुप्त नामक एक राजा था। फिर यदि भारत में भी उसके समय उस राजा का उल्लेख दीख पड़े, तो विषय का बहुत कुछ प्रमाण निस्संदेह हो जाता है। इसी प्रकार, यदि चंद्रगुप्त के कुछ रुपए मिलें अथवा उनके समय की एक इमारत मिल जाए, जिसमें कि उनका उल्लेख है, तो फिर और किसी तरह का संदेह या कमजोरी न रह जाएगी।

सोचो, किसी दूसरी पुस्तक में लिखा है कि यह घटना सिकंदर बादशाह के समय की है, लेकिन उसके भीतर दो-एक रोम के बादशाहों का जिक्र आ गया है। वह इस तरह आया है कि प्रक्षिप्त होना संभव नहीं—तो वह पुस्तक

सिकंदर बादशाह के समय की नहीं है, यह सिद्ध हो गया।

इसी प्रकार भाषा। समय-समय पर सभी भाषाओं में परिवर्तन होता रहा है, फिर हर एक लेखक का अपना ढंग रहता है। यदि किसी पुस्तक में खाहमख्वाह एक अप्रासंगिक वर्णन लेखक के विपरीत ढंग से रहे तो जरूर उस पर प्रक्षिप्त होने का संदेह होता है। इस प्रकार विभिन्न प्रकार के संदेह, संशय प्रमाण-प्रयोगों से ग्रंथ-तत्त्व के निर्णय की एक विद्या ही निकल पड़ी।

इसके ऊपर आजकल का विज्ञान द्रुत गति से अनेक ओर से रश्मि विकीर्ण करने लगा; और फल यह हुआ कि जिस पुस्तक में कोई अलौकिक घटना लिखी हुई है, वह बिल्कुल ही अविश्वसनीय हो गई।

और अंत में—महातरंग रूप संस्कृत भाषा का यूरोप में प्रवेश; भारत में, युफ्रेटिस नदी के किनारे तथा मिस्र देश में प्राचीन शिलालेखों का अन्वेषण तथा उनका पुनः पठन और प्राचीन काल से भूगर्भ में अथवा पर्वतों के पार्श्व में छिपे हुए मंदिरों आदि की खोज तथा उनके यथार्थ इतिहास का ज्ञान। हम कह चुके हैं कि इस नूतन गवेषणा-विद्या ने 'बाइबिल' या 'नव व्यवस्थान' ग्रंथों को अलग रखा। मार-पीट करना, जीते-जी जला देना आदि तो अब है नहीं, है सिर्फ समाज का डर; सो इसकी उपेक्षा करके कुछ पंडितों ने उक्त पुस्तकों का भी खूब विश्लेषण किया है। आशा है, जिस तरह हिंदू आदि की धर्म-पुस्तकों को वे लोग लापरवाह होकर टुकड़े-टुकड़े कर डालते हैं, उसी तरह आगे चलकर सत् साहस के साथ यहूदी और क्रिस्तान पुस्तकों के साथ भी

महातरंग रूप संस्कृत भाषा का यूरोप में प्रवेश; भारत में, युफ्रेटिस नदी के किनारे तथा मिस्र देश में प्राचीन शिलालेखों का अन्वेषण तथा उनका पुनः पठन और प्राचीन काल से भूगर्भ में अथवा पर्वतों के पार्श्व में छिपे हुए मंदिरों आदि की खोज तथा उनके यथार्थ इतिहास का ज्ञान। हम कह चुके हैं कि इस नूतन गवेषणा-विद्या ने 'बाइबिल' या 'नव व्यवस्थान' ग्रंथों को अलग रखा।

करेंगे। मैं यह बात क्यों कहता हूँ, इसका एक उदाहरण है—मासपेरों नाम के एक महापंडित, मिस्र पुरातत्त्व के विश्वात लेखक ने 'इस्मोआर आसिएन ओरी आंताल' नाम से मिस्रवालों तथा बाइबिलों का एक प्रकांड इतिहास लिखा है। कई साल पहले उक्त ग्रंथ का एक अंग्रेज पुरातत्त्वविद् द्वारा किया हुआ अंग्रेजी अनुवाद पढ़ा था। अबकी बार ब्रिटिश म्यूजियम के एक अध्यक्ष से मिस्र और बाबिलन संबंधी कुछ पुस्तकों के विषय पर पूछते हुए मासपरों के ग्रंथ का उल्लेख आया। इस पर यह सुनकर कि मेरे पास उक्त ग्रंथ का अनुवाद है, उन्होंने कहा कि इससे काम न चलेगा, अनुवादक कुछ कट्टर क्रिस्तान है। इसलिए जहाँ मासपेरों का अनुसंधान क्रिस्तान धर्म को धक्का पहुँचाता है, वहाँ सब गोल-मटोल कर दिया गया है। उन्होंने मूल फ्रांसीसी भाषा में ग्रंथ पढ़ने के लिए कहा। पढ़कर देखता हूँ, तो बिल्कुल ठीक। अब यह तो एक विषम समस्या हो गई है। जानते तो हो कि धर्म की कैसी कट्टरता है?

सत्यासत्य सब खासी खिचड़ी के रूप में। तभी से उन सब गवेषणावाले ग्रंथों के अनुवाद से बहुत कुछ श्रद्धा घट गई है। एक और नई विद्या पैदा हुई है, जिसका नाम जाति-विद्या है अर्थात् आदमी का रंग, बाल, चेहरा, सिर की गढ़न, भाषा आदि देखकर श्रेणीबद्ध करना।

सत्यासत्य सब खासी खिचड़ी के रूप में। तभी से उन सब गवेषणावाले ग्रंथों के अनुवाद से बहुत कुछ श्रद्धा घट गई है।

एक और नई विद्या पैदा हुई है, जिसका नाम जाति-विद्या है अर्थात् आदमी का रंग, बाल, चेहरा, सिर की गढ़न, भाषा आदि देखकर श्रेणीबद्ध करना।

जर्मन लोग सब विद्याओं में विशारद होने पर भी संस्कृत और प्राचीन असीरिया की विद्याओं में विशेष पटु हैं; बर्गस आदि जर्मन पंडित इसके निदर्शन हैं। फ्रांसीसी प्राचीन मिस्र के तत्त्वोद्धार में विशेष सफल हुए हैं। मासपेरों आदि सब फ्रांसीसी हैं। डच लोग यहूदी और प्राचीन क्रिस्तान धर्म

के विश्लेषण में विशेष प्रतिष्ठित हैं—कूना आदि संसार-प्रसिद्ध लेखक हैं।

अंग्रेज लोग पहले अनेक विद्याओं का आरंभ करके फिर हट जाते हैं।

इन सब पंडितों को मत कुछ कहो। यदि अच्छा न लगे तो उनके साथ तूल-तकरार करो, मुझे दोष न देना।

हिंदू, यहूदी, प्राचीन बाबिली, मिस्री आदि प्राचीन जातियों के मत से सब आदमी एक आदिम माता-पिता से पैदा हुए हैं, यह बात अब बहुत लोग नहीं मानना चाहते।

वज्र काले, बिना नाक के मोटे होंठवाले, ढालू कपाल और घुँघराले बालवाले काफ्रियों को तुमने देखा है? प्रायः उसी तरह की गठन है, सिर्फ आकार के छोटे हैं; बाल इतने घुँघराले नहीं, सौंताली, अंदमानी भीलों को देखा है? पहली श्रेणीवाले को नीग्रो कहते हैं, इनकी निवासभूमि अफ्रीका है। दूसरी जाति का नाम है—नेग्रिटो, छोटे नीग्रो; ये लोग पुराने जमाने में अरब के कुछ अंश में, यूफ्रेटिस के तटों के कुछ अंशों में, फारस के दक्षिण भाग में, तमाम भारत में, अंदमान आदि द्वीपों में, यहाँ तक कि ऑस्ट्रेलिया में भी निवास करते थे। आधुनिक समय में भी भारत के किसी-किसी घोर जंगल में, अंदमान और ऑस्ट्रेलिया में ये लोग मौजूद हैं।

वज्र काले, बिना नाक के मोटे होंठवाले, ढालू कपाल और घुँघराले बालवाले काफ्रियों को तुमने देखा है? प्रायः उसी तरह की गठन है, सिर्फ आकार के छोटे हैं; बाल इतने घुँघराले नहीं, सौंताली, अंदमानी भीलों को देखा है? पहली श्रेणीवाले को नीग्रो कहते हैं, इनकी निवासभूमि अफ्रीका है।

लेप्चा, भूटिया, चीनी आदि को तुमने देखा है? सफेद रंग या पीला, सीधे और काले बालवाले; काली आँखें, लेकिन वे तिरछी बैठाई हुईं, मूँछ-दाढ़ी सी, चपटा मुँह, आँखों के निचले दोनों भाग बहुत ऊँचे। मलायी, नेपाली, बर्मी, स्यामी, जापानी देखे हैं? वे लोग उसी गठन के हैं, लेकिन आकार के छोटे हैं।

इस श्रेणी की दोनों जातियों के नाम मंगोल और मंगोलाइट यानी छोटे मंगोल हैं। मंगोल जाति इस समय अधिकांश एशियाखंड पर दखल कर बैठी है। यही मंगोल हैं, जो अनेक शाखाओं में बँटकर, काले मुँहवाले हूण, चीनी, तातारी, तुर्क, मानचू, किरगिज आदि विविध शाखाओं में बँटकर एक चीनियों और तिब्बतियों के सिवाय, तंबू लेकर आज इस देश में, कल उस देश में, भेड़, बकरियाँ, ढोर और घोड़े चराते फिरते और घात मिलने पर टिड्डियों की तरह टूटकर दुनिया उलट-पुलट कर देते थे। इन लोगों का एक नाम तूरानी है। ईरान-तूरान—वही तूरान।

रंग काला, बाल सीधे, सीधी नाक, सीधी काली आँखें—प्राचीन मिस्र, प्राचीन बेबिलोनिया में वास करते थे और आजकल भारत भर में हैं। विशेषतः दक्षिण में वास करते हैं; यूरोप में भी एकाध जगह उनके निशान मिलते हैं, यह एक जाति है, इनका परिभाषिक नाम है—'द्राविड़ी'।

रंग काला, बाल सीधे, सीधी नाक, सीधी काली आँखें—प्राचीन मिस्र, प्राचीन बेबिलोनिया में वास करते थे और आजकल भारत भर में हैं। विशेषतः दक्षिण में वास करते हैं; यूरोप में भी एकाध जगह उनके निशान मिलते हैं, यह एक जाति है, इनका परिभाषिक नाम है—'द्राविड़ी'।

सफेद रंग, सीधी आँखें, परंतु कान-नाक बकरे के मुँह की तरह टेढ़े और सिर मोटा, कपाल ढालू, होंठ भरे हुए—जिस तरह उत्तर अरब के आदमी वर्तमान यहूदी, प्राचीन बाबिल, असीरी, फिनिस आदि; इनकी भाषा भी एक तरह की है, इनका नाम है—'सेमिटिक'।

और जो लोग संस्कृत की तरह भाषा बोलते हैं, सीधी नाक, मुँह, आँखें, रंग सफेद, बाल काले या भूरे, आँखें काली या नीली, इनका नाम है—'आरियन्' (आर्य)।

वर्तमान समस्त जातियाँ इन्हीं सब जातियों के मिश्रण से हुई हैं। इनके भीतर जिस जाति का भाग, जिस देश में अधिक है, उस देश की भाषा और

आकृति अधिकांश उसी जाति की तरह है। गरम मुल्क होने पर रंग काला और ठंडा मुल्क होने पर सफेद होता है, यह बात यहाँ के बहुत से लोग नहीं मानते। काले और सफेद के अंदर जो विभिन्न वर्ण हैं, बहुतों के मत से वे भिन्न-भिन्न जातियों के मिश्रण से तैयार हुए हैं।

मिस्र और प्राचीन बाबिलों की सभ्यता पंडितों के मत से सबसे प्राचीन है। इन सब देशों में ईसा से 6,000 वर्ष या उससे अधिक समय पहले के मकानात मिलते हैं। भारत में ज्यादा-से-ज्यादा चंद्रगुप्त के समय का अगर कुछ मिला हो, तो वह सिर्फ ईसा से पहले 300 वर्ष का होता है। इसके पहले के मकानात अभी नहीं मिले। इधर पंजाब में हड़प्पा तथा सिंध में मोहनजोदड़ो नामक ग्रामों के उत्खनन में ईसा से 3,300 वर्ष पूर्व की सभ्यता के अनेक चिह्न मिले हैं, परंतु इनके बहुत पहले की पुस्तकें मिली हैं, जो और किसी देश में नहीं मिलतीं। पंडित बालगंगाधर तिलक ने साबित किया है कि हिंदुओं के 'वेद' कम-से-कम ईसा के 5,000 वर्ष पहले इसी रूप में मौजूद थे।

मिस्र और प्राचीन बाबिलों की सभ्यता पंडितों के मत से सबसे प्राचीन है। इन सब देशों में ईसा से 6,000 वर्ष या उससे अधिक समय पहले के मकानात मिलते हैं। भारत में ज्यादा-से-ज्यादा चंद्रगुप्त के समय का अगर कुछ मिला हो, तो वह सिर्फ ईसा से पहले 300 वर्ष का होता है। इसके पहले के मकानात अभी नहीं मिले।

यहीं भूमध्य सागर के प्रांत हैं। जो यूरोपियन सभ्यता आजकल विश्वविजयी हो रही है, उसकी जन्मभूमि यहीं है। इस तटभूमि पर बाबिली, फिनिस, यहूदी आदि सेमिटिक जातिवर्ग और ईरानी, यवन, रोमन आदि आर्य जाति के सम्मिश्रण से वर्तमान यूरोपियन सभ्यता का विकास हुआ है।

'रोजेट्टा स्टोन' नामक एक बृहत् शिलालेख-खंड मिस्र में मिला है। उस पर जीव-जंतुओं की पूँछ आदि के तौर पर चित्रलिपि में लिखा हुआ एक लेख है। उसके नीचे और एक प्रकार का लेख है तथा सबसे नीचे ग्रीक

भाषा के समान एक लेख है। एक विद्वान् ने यह अनुमान किया कि ये तीनों लेख एक ही हैं और उन्होंने इस प्राचीन मिस्र जाति के लेखों का पुनः पठन 'कप्ट' अक्षरों की सहायता से किया। कप्ट ईसाइयों की एक जाति है, जो अब भी मिस्र देश में पाई जाती है और इस जाति के लोग प्राचीन मिस्रवालों की संतान समझे जाते हैं। उसी तरह बाबिलों की ईंटें और टाली पर लिखी हुई त्रिकोण अक्षरोंवाली लिपि का भी पुनः पठन हुआ। इधर भारत में हलाकार अक्षरोंवाले कुछ लेख महाराजा अशोक की समसामयिक लिपि के नाम से आविष्कृत हुए। इससे अधिक प्राचीन लिपि भारत में नहीं मिली। मिस्र भर में अनेक प्रकार के मंदिर, स्तंभ, शवाधार आदि पर जिस तरह की लिपियाँ लिखी हुई थीं, क्रमशः वे सब पढ़ी गईं और धीरे-धीरे उनसे मिस्र की प्राचीनता अधिक स्पष्ट हो गई है।

मिस्रवालों ने समुद्र पार के 'पंट' नामक दक्षिण देश से मिस्र में प्रवेश किया था। कोई-कोई कहते हैं कि वह 'पंट' ही वर्तमान मालाबार है और मिस्री और द्रविड़ एक ही जाति है। इनके प्रथम राजा का नाम है—'मेनुस'। इनका प्राचीन धर्म भी किसी-किसी अंश में हमारी पौराणिक कथाओं की तरह है। 'शिबू' देवता 'नुई' देवी द्वारा आच्छादित थे। बाद में एक-दूसरे देवता 'शू' ने आकार बलपूर्वक 'नुई' को उठा दिया। 'नुई' का शरीर आकाश हुआ, दोनों हाथ और दोनों पैर हुए आकाश के चारों स्तंभ और 'शिबू' हुए पृथ्वी। 'नुई' के पुत्र-कन्या 'असिरिस' और 'इसिस; मिस्र के प्रधान देव-देवी हैं और उनके पुत्र 'होरस' सर्वोपास्य हैं। इन तीनों की एक ही साथ उपासना होती थी। 'इसिस' गोमाता

मिस्रवालों ने समुद्र पार के 'पंट' नामक दक्षिण देश से मिस्र में प्रवेश किया था। कोई-कोई कहते हैं कि वह 'पंट' ही वर्तमान मालाबार है और मिस्री और द्रविड़ एक ही जाति है। इनके प्रथम राजा का नाम है—'मेनुस'। इनका प्राचीन धर्म भी किसी-किसी अंश में हमारी पौराणिक कथाओं की तरह है। 'शिबू' देवता 'नुई' देवी द्वारा आच्छादित थे।

के रूप से भी पूजित होती हैं।

पृथ्वी के 'नील' नद की तरह आकाश में भी इसी प्रकार का नील नद है—पृथ्वी का नील नद उसका अंशविशेष है। इनके मत से सूर्यदेव नाव पर चढ़कर पृथ्वी की प्रदक्षिणा करते हैं, कभी-कभी 'अहि' नामक सर्प उन्हें ग्रास करता है, तब ग्रहण लगता है।

चंद्रदेव पर एक शूकर कभी-कभी आक्रमण करता है और खंड-खंड कर डालता है। बाद को पंद्रह दिन उन्हें अच्छे होने में लग जाते हैं। मिस्र के सब देवता, कोई 'शृगालमुख', कोई 'बाजमुख', कोई 'गोमुख' इत्यादि हैं।

साथ ही, यूफ्रेटिस के तट पर एक दूसरी सभ्यता का उत्थान हुआ था। उनके भीतर 'बाल', 'मोलख', 'ईस्तारत' और 'दमूजी' प्रधान हैं। 'ईस्तारत', 'दमूजी' नामक एक मेष-पालक के प्रणयपाश से बद्ध हो गई। एक वराह ने दमूजी को मार डाला। पृथ्वी के नीचे परलोक में ईस्तारत दमूजी को खोजने गई। वहाँ 'अल्लात्' नाम की एक भयंकारी देवी ने उन्हें बड़ा कष्ट दिया। अंत में ईस्तारत ने कहा कि मुझे अगर दमूजी न मिलेंगे, तो मैं मर्त्यलोक फिर न जाऊँगी। बड़ी मुश्किल हुई—वे थीं कामदेवी, उनके बिना आदमी, जीव-जंतु, पेड़-पौधे फिर पैदा नहीं हो सकते। तब देवताओं ने यह सिद्धांत ठहराया कि हर साल दमूजी चार महीने रहेंगे परलोक में, यानी पाताल में और आठ महीने रहेंगे मर्त्यलोक में। तब ईस्तारत लौट आई—वसंत आया, शस्यादि पैदा होने लगे।

साथ ही, यूफ्रेटिस के तट पर एक दूसरी सभ्यता का उत्थान हुआ था। उनके भीतर 'बाल', 'मोलख', 'ईस्तारत' और 'दमूजी' प्रधान हैं। 'ईस्तारत', 'दमूजी' नामक एक मेष-पालक के प्रणयपाश से बद्ध हो गई। एक वराह ने दमूजी को मार डाला। पृथ्वी के नीचे परलोक में ईस्तारत दमूजी को खोजने गई। वहाँ 'अल्लात्' नाम की एक भयंकारी देवी ने उन्हें बड़ा कष्ट दिया। अंत में ईस्तारत ने कहा कि मुझे अगर दमूजी न मिलेंगे, तो मैं मर्त्यलोक फिर न जाऊँगी।

यही 'दमूजी', 'आदुनोई' या 'आदुनिस' के नाम के सिद्ध है। सभी सेमिटक जातियों का धर्म किंचित् अवांतर भेद से प्राय: एक ही तरह का था। बाबिली, यहूदी, फिनिक और बाद के अरबों की एक ही तरह की उपासना थी। प्राय: सभी देवताओं का नाम 'मोलख' (जिस शब्द के रूप बंगला भाषा में मालिक, 'मुल्लुक' आदि अब भी हैं) अथवा 'बाल' है; केवल कुछ अवांतर भेद था। किसी-किसी का मत है—ये 'अल्लात्' देवता बाद को अरबों के 'अल्लाह' हुए।

यही 'दमूजी', 'आदुनोई' या 'आदुनिस' के नाम के सिद्ध है। सभी सेमिटक जातियों का धर्म किंचित् अवांतर भेद से प्राय: एक ही तरह का था। बाबिली, यहूदी, फिनिक और बाद के अरबों की एक ही तरह की उपासना थी। प्राय: सभी देवताओं का नाम 'मोलख' (जिस शब्द के रूप बंगला भाषा में मालिक, 'मुल्लुक' आदि अब भी हैं) अथवा 'बाल' है; केवल कुछ अवांतर भेद था।

इन सब देवताओं की पूजा के भीतर कुछ भयानक और जघन्य कार्य भी थे। 'मोलख' या 'बाल' के पास पुत्र-कन्या को जीते ही जला देते थे। 'ईस्तारत' के मंदिर में स्वाभाविक और अस्वाभाविक काम-सेवा प्रधान अंग थी।

यहूदी जाति का इतिहास बाबिलों की अपेक्षा बहुत आधुनिक है। पंडितों के मत से बाइबिल नामक धर्मग्रंथ ईसा के 500 वर्ष पहले से शुरू होकर ईसा के बाद तक लिखा गया है। बाइबिल के अनेक अंश, जो पहले के कहकर प्रतिष्ठित किए गए हैं, बहुत बाद के लिखे गए हैं। इस बाइबिल के भीतर की स्थूल कथाएँ बाबिल जाति की हैं। बाबिलों का सृष्टि-वर्णन, जलप्लावन-वर्णन आदि अधिकांशत: बाइबिल ग्रंथ में संगृहीत हुए हैं। इन पर पारसी बादशाह लोग अब एशिया-माइनर पर राज्य करते थे, उस समय बहुत कुछ पारसी मतों का यहूदियों में प्रवेश हुआ है। बाइबिल के प्राचीन भाग के मत से यह संसार ही सबकुछ है। आत्मा या परलोक नहीं है। नए भाग में पारसियों का परलोक, भूतों का

पुनरुत्थान आदि दृष्टिगोचर होता है और शैतानवाद तो बिल्कुल ही पारसियों का है।

यहूदी धर्म का प्रधान अंग 'यावे' नामक 'गोलख' की पूजा है, लेकिन यह नाम यहूदी भाषा का नहीं। किसी-किसी के मत से यह 'मिस्री' शब्द है, लेकिन कहाँ से आया, यह कोई नहीं जानता। बाइबिल में वर्णन है कि यहूदी लोग बद्ध होकर बहुत दिनों तक मिस्र में थे; ये सब बातें इस समय कोई विशेष मानता नहीं और 'इब्राहीम', 'इसहाक', 'यूसुफ' आदि गोत्र-पिताओं के रूपक हैं, यह साबित किया जाता है।

यहूदी धर्म का प्रधान अंग 'यावे' नामक 'गोलख' की पूजा है, लेकिन यह नाम यहूदी भाषा का नहीं। किसी-किसी के मत से यह 'मिस्री' शब्द है, लेकिन कहाँ से आया, यह कोई नहीं जानता। बाइबिल में वर्णन है कि यहूदी लोग बद्ध होकर बहुत दिनों तक मिस्र में थे; ये सब बातें इस समय कोई विशेष मानता नहीं और 'इब्राहीम', 'इसहाक', 'यूसुफ' आदि गोत्र-पिताओं के रूपक हैं, यह साबित किया जाता है।

यहूदी लोग 'यावे' नाम का उच्चारण नहीं करते थे; उसकी जगह 'आदुनोई' करते थे। जब यहूदी लोग इजराइल और इफ्रेम दो शाखाओं में विभक्त हो गए, तब दोनों देशों में दो प्रधान मंदिर तैयार हुए। जेरूसलेम में यहूदियों का जो मंदिर बना, उसमें 'यावे' देवता की एक नर-नारी—संयुक्त (युग्म) मूर्ति एक संदूक के अंदर रखी जाती थी। द्वार पर बड़ा सा एक पुंश्चि स्तंभ था। इफ्रेम में 'यावे' देवता, सोने से मढ़े हुए वृष की मूर्तिरूप में पूजित होते थे।

दोनों जगहों में ज्येष्ठ पुत्र को देवता के पास जीते हुए ही अग्नि में आहुति देते थे और स्त्रियों का एक दल उन दोनों मंदिरों में वास करता था। वे स्त्रियाँ मंदिर के भीतर ही वेश्वावृत्ति करके, जो कुछ पैदा करती थीं, सब मंदिर के खर्च में लगता था।

क्रमशः यहूदियों के भीतर एक दल का प्रादुर्भाव हुआ; वे लोग गीत का

नृत्य द्वारा अपने भीतर देवता का आवेश करते थे। इनका नाम नबी या प्राफेट था। इनमें बहुत से लोग ईरानियों के संसर्ग से मूर्तिपूजा, पुत्रबलि, वेश्यावृत्ति आदि के विपक्ष में हो गए। क्रमशः बलि की जगह हुई, सुन्नति। वेश्यावृत्ति, मूर्ति आदि क्रमशः उठ गईं। क्रमशः उस नबी संप्रदाय के भीतर से क्रिस्तान धर्म की सृष्टि हुई।

ईसा नाम के कोई पुरुष कभी पैदा हुए थे या नहीं, इस विषय पर भयानक वितंडा हो गया है। 'नव व्यवस्थान' की जो चार पुस्तकें हैं, उनमें संत जॉन नामक पुस्तक तो बिल्कुल अग्राह्य हो गई है। बाकी तीन, कोई एक प्राचीन पुस्तक देखकर लिखी गई हैं, यह सिद्धांत है; वह भी ईसा मसीह का जो समय निर्दिष्ट हुआ है, उसके बहुत बाद।

ईसा नाम के कोई पुरुष कभी पैदा हुए थे या नहीं, इस विषय पर भयानक वितंडा हो गया है। 'नव व्यवस्थान' की जो चार पुस्तकें हैं, उनमें संत जॉन नामक पुस्तक तो बिल्कुल अग्राह्य हो गई है। बाकी तीन, कोई एक प्राचीन पुस्तक देखकर लिखी गई हैं, यह सिद्धांत है; वह भी ईसा मसीह का जो समय निर्दिष्ट हुआ है, उसके बहुत बाद।

उस पर, जिस समय ईसा के पैदा होने की प्रसिद्धि है, उस समय उन यहूदियों के भीतर दो ऐतिहासिक व्यक्ति पैदा हुए थे, 'जोसिफुस' और 'फिलो'। इन लोगों ने यहूदियों के भीतर छोटे–छोटे संप्रदायों का भी उल्लेख किया है, लेकिन ईसा या क्रिस्तानों का नाम भी नहीं लिखा है अथवा रोमन जज ने उन्हें क्रूसित करने का हुक्म दिया था, इसकी भी कोई चर्चा नहीं है। जोसिफुस की पुस्तक में इस संबंध में कुछ पंक्तियाँ थीं, वे भी अब प्रक्षिप्त प्रमाणित हुई हैं।

रोमन लोग उस समय यहूदियों पर राज्य करते थे। सब विधाएँ ग्रीक लोग सिखलाते थे। इन सभी लोगों ने यहूदियों के विषय में बहुत सी बातें लिखी हैं, परंतु ईसा का क्रिस्तानों की कोई बात नहीं लिखी। फिर मुश्किल यह है कि जिन सब कथाओं, उपदेशों या मतों का नव व्यवस्थान ग्रंथ में प्रचार

आया है, वे सभी अनेकानेक देशों से आकर क्रिस्ताब्द के पहले ही यहूदियों में मौजूद थे और 'हिलेल' आदि रब्बीगण (उपदेशक) उनका प्रचार कर रहे थे। पंडित लोगों की तो यही राय है, लेकिन दूसरे के धर्म के बारे में जिस तरह तुरंत कोई बात कह डालते हैं, अपने देश के धर्म के बारे में यह कहने पर क्या फिर गौरव रहता है? अतएव शनैः-शनैः चल रहे हैं। इसका नाम है—'हायर क्रिटिसिज्म'।

पाश्चात्य बुधमंडली इस प्रकार देश-देशांतर के धर्म, नीति, जाति इत्यादि की आलोचना कर रही है। हमारी बांग्ला भाषा में कुछ भी नहीं। होगा भी किस तरह—कोई बेचारा यदि दस-बारह वर्ष जी-तोड़ मेहनत करके इस तरह की किताब का अनुवाद करे, तो वह खुद क्या खाए और किताब छपाए क्या देकर?

पाश्चात्य बुधमंडली इस प्रकार देश-देशांतर के धर्म, नीति, जाति इत्यादि की आलोचना कर रही है। हमारी बांग्ला भाषा में कुछ भी नहीं। होगा भी किस तरह—कोई बेचारा यदि दस-बारह वर्ष जी-तोड़ मेहनत करके इस तरह की किताब का अनुवाद करे, तो वह खुद क्या खाए और किताब छपाए क्या देकर?

एक तो देश अत्यंत दरिद्र है, फिर विद्या बिल्कुल नहीं, यही कहना ठीक होगा। क्या ऐसा दिन होगा, जब हम लोग नाना प्रकार की विधाओं की चर्चा करेंगे—मूकं करोति वाचालं, पङ्गुं लङ्घयते गिरिम्—यत् कृपा! माता जगदंबा ही जानें!

जहाज नेपल्स में लगा—हम लोग इटली पहुँचे। इसी इटली की राजधानी रोम है। यह रोम उसी प्राचीन बलशाली रोम साम्राज्य की राजधानी है, जिसकी राजनीति, युद्धविद्या, उपनिवेश-संस्थापन, परदेश-विजय, अब भी समग्र पृथ्वी का आदर्श है! नेपल्स छोड़कर जहाज मार्साई (मार्सेल्स) लगा था, फिर सीधे लंदन।

यूरोप के बारे में तो तुम लोगों को बहुत सी बातें मालूम हैं, वे लोग क्या खाते हैं, क्या पहनते हैं, उनके क्या रीति-नीति-आचार इत्यादि हैं—यह अब

मैं विशेष क्या कहूँ? परंतु यूरोपियन सभ्यता क्या है, इसकी उत्पत्ति कहाँ से है, हम लोगों के साथ इसका क्या संबंध है, इस सभ्यता का कितना अंश हमें लेना चाहिए—इन सब विषयों पर बहुत सी बातें कहने को शेष हैं। शरीर किसी को छोड़ता नहीं, भाई साहब। अतएव दूसरी बार ये सब बातें कहूँगा अथवा कहकर क्या होगा? बकझक और बोलने में हम लोगों की तरह (खासतौर से बंगालियों की तरह) मजबूत भी कौन है? अगर कर सको तो करके दिखाओ। हम कार्य करें और मुँह विदा दें, लेकिन एक बात कह रखें, गरीब निम्न जातियों के भीतर विद्या और शक्ति का प्रवेश जब होने लगा, तभी से यूरोप उठाने लगा। अन्य देशों के कूड़े की तरह परित्यक्त हजारों दुःखी-गरीब अमेरिका में स्थान पाते हैं, आश्रय पाते हैं, यही अमेरिका के मेरुदंड हैं। बड़े आदमी, पंडित, धनी—इन लोगों ने तुम्हारी बातें सुनी हैं या नहीं सुनीं, उन्होंने समझा या नहीं समझा, तुम लोगों को गालियाँ दीं या तारीफ की, इससे कुछ भी नहीं आता-जाता। ये लोग हैं सिर्फ शोभा, देश की बहार। करोड़ों की संख्या में जो लोग नीच और गरीब हैं, वे ही लोग प्राण हैं। संख्या से कुछ आता-जाता नहीं, धन या दरिद्रता से कुछ आता-जाता नहीं, मनसा-वाचा-कर्मणा यदि ऐक्य हो तो मुट्ठी भर लोग दुनिया उलट दे सकते हैं—यह विश्वास न भूलना।

बाधा जितनी ही होगी, उतना ही अच्छा है। बाधा बिना पाए, क्या कभी नदी का वेग बढ़ता है? जो वस्तु जितनी नई होगी, जितनी अच्छी होगी, वह वस्तु पहले-पहल उतनी ही बाधा पाएगी। बाधा ही तो सिद्धि का पूर्व लक्षण है। जहाँ बाधा नहीं, वहाँ सिद्धि भी नहीं है।

□

अलमिति

(इस स्थल तक स्वामीजी जब पश्चिम की दूसरी बार यात्रा 1899 ईसवी में कर रहे थे, उसका वर्णन है। आगे 1900 ईसवी में, जब वे वापस आ रहे थे, उसका वर्णन है।)

हमारे देश में कहते हैं, पैर में चक्र रहा तो मनुष्य आवारा-गर्द होता है। मेरे पैर में शायद सब चक्र-ही-चक्र हैं। 'शायद' इसलिए कहता हूँ कि पैरों के तलवे देखकर मैंने चक्रों का आविष्कार करने की बड़ी चेष्टा की, परंतु वह चेष्टा बिल्कुल विफल हो गई—मारे जाड़े के पैर फट गए थे—उससे अक्कर-चक्कर कुछ भी न दिखलाई पड़े। खैर, जबकि किंवदंती है, तब मान लिया कि मेरा पैर चक्करमय है। फल तो प्रत्यक्ष है—इतना सोचा कि पेरिस में बैठकर कुछ दिन फ्रेंच भाषा, सभ्यता आदि की आलोचना कर पाऊँगा। पुराने दोस्त-मित्रों को छोड़कर एक गरीब फ्रांसीसी नवीन मित्र के यहाँ जाकर ठहरा (वे अंग्रेजी नहीं जानते और मेरी फ्रांसीसी-एक विचित्र तमाशा था)। इच्छा थी, गूँगे की तरह बैठे रहने की। अक्षमता से मजबूरन फ्रेंच बोलने का उद्योग होगा और अनर्गल फ्रेंच भाषा निकलती रहेगी और कहाँ चला वियना, तुर्की, ग्रीस, इजिप्ट, जेरूसलेम पर्यटन करने, भवितव्य का कौन खंडन करे, कहो? तुम्हें पत्र लिख रहा हूँ, मुसलमान प्रभुत्व की अवशिष्ट राजधानी कांस्टान्टिनोप्ल से।

साथ में तीन साथी हैं—दो हैं फ्रांसीसी और एक अमेरिकी। अमेरिकी हैं, तुम लोगों की परिचिता मिस मैक्लिऑड; फ्रांसीसी पुरुष मित्र, मस्ये जुलवोओ;

फ्रांस के एक प्रतिष्ठित दार्शनिक और साहित्यकार और फ्रांसीसनी बांधवी जगत्-विख्यात गायिका मादमोआजेल कालभे। फ्रांसीसी भाषा में 'मिस्टर' होते हैं, 'मस्ये' और 'मिस' होती हैं 'मादमोआजेल'। 'ज' का उच्चारण पूर्व बंगाल के 'ज' की तरह। मादमोआजेल कालभे आधुनिक काल की सर्वश्रेष्ठ गायिका—ऑपेरा गायिका हैं। इनके गीतों का इतना आदर है कि इन्हें सलाना तीन-चार लाख की आमदनी है, केवल गीत गाकर। इनसे हमारा परिचय पहले से ही है। पाश्चात्य देशों की सर्वश्रेष्ठ अभिनेत्री मादाम सारा बर्नहार्ड और सर्वश्रेष्ठ गायिका कालभे, दोनों ही फ्रांसीसी हैं, दोनों ही अंग्रेजी भाषा से संपूर्ण अनभिज्ञ हैं, लेकिन इंग्लैंड और अमेरिका कभी-कभी जाती हैं और अभिनय कर तथा गीत गाकर लाखों डालर संग्रह करती हैं।

फ्रांसीसी भाषा सभ्यता की भाषा है, पश्चिमी संसार के भद्र पुरुषों का चिह्नस्वरूप है, यह बात सभी जानते हैं। इसलिए इन्हें न अंग्रेजी सीखने का अवकाश है और न प्रवृत्ति ही। मादाम बार्नहार्ड प्रौढ़ हैं, परंतु जब सज-धजकर मंच पर खड़ी होती हैं, तब जिस उम्र और लिंग का अभिनय करती हैं, उसकी हू-ब-हू नकल! बालिका, बालक, जो कहो वही—हू-ब-हू—और ऐसी ताज्जुब की आवाज! ये लोग कहते हैं, उसके कंठ के रुपहले तार बजते हैं! बार्नहार्ड का अनुराग विशेष रूप से भारत के ऊपर है। मुझसे बार-बार कहती हैं, तुम लोगों का देश 'त्रेंजासिएन, त्रेसविलिजे'—बहुत ही प्राचीन, बहुत ही सभ्य है। एक वर्ष भारत संबंधी एक नाटक खेला, उसमें मंच के ऊपर बिल्कुल एक भारत का रास्ता खड़ा कर दिया था—लड़के, बच्चे, पुरुष, साधु, नागा, बिल्कुल भारत! मुझसे अभिनय

फ्रांसीसी भाषा सभ्यता की भाषा है, पश्चिमी संसार के भद्र पुरुषों का चिह्नस्वरूप है, यह बात सभी जानते हैं। इसलिए इन्हें न अंग्रेजी सीखने का अवकाश है और न प्रवृत्ति ही। मादाम बार्नहार्ड प्रौढ़ हैं, परंतु जब सज-धजकर मंच पर खड़ी होती हैं, तब जिस उम्र और लिंग का अभिनय करती हैं, उसकी हू-ब-हू नकल!

के बाद कहा, "आज महीने भर से हर एक म्यूजियम घूमकर भारत के पुरुष, स्त्रियाँ, पोशाक, रास्ता, घाट आदि पहचाना है।"

बार्नहार्ड की भारत देखने की बड़ी ही प्रबल इच्छा है—'से मं स्यभ', 'से मं स्यभ'—वह मेरा जीवन स्वप्न है। फिर प्रिंस ऑफ वेल्स उन्हें बाघ, हाथी का शिकार कराएँगे, प्रतिज्ञा कर चुके हैं, परंतु बार्नहार्ड ने कहा—उस देश में जाया जाए तो डेढ़-दो लाख रुपए भी न खर्च किए गए तो क्या? रुपए का टोटा उन्हें नहीं है—'ला दिविन सारा' 'दैवी सारा'—उन्हें रुपए का क्या अभाव है, जिसका आना-जाना बिना स्पेशल ट्रेन के नहीं होता! वह भरपूर विलास यूरोप के कितने राजे-रजवाड़े नहीं भोग सकते, जिनके थियेटर में महीने भर पहले से दूनी कीमत पर टिकट खरीद रखने पर तब कहीं जगह मिलती है, उन्हें रुपए का टोटा नहीं है, परंतु सारा बार्नहार्ड निहायत खर्चीली हैं। उनका भारत-भ्रमण इसीलिए अभी रह गया।

बार्नहार्ड की भारत देखने की बड़ी ही प्रबल इच्छा है—'से मं स्यभ', 'से मं स्यभ'—वह मेरा जीवन स्वप्न है। फिर प्रिंस ऑफ वेल्स उन्हें बाघ, हाथी का शिकार कराएँगे, प्रतिज्ञा कर चुके हैं, परंतु बार्नहार्ड ने कहा—उस देश में जाया जाए तो डेढ़-दो लाख रुपए भी न खर्च किए गए तो क्या? रुपए का टोटा उन्हें नहीं है—'ला दिविन सारा' 'दैवी सारा'—उन्हें रुपए का क्या अभाव है, जिसका आना-जाना बिना स्पेशल ट्रेन के नहीं होता!

आदमोआजेल कालभे इस शीत में नहीं गाएँगी—वे आबोहवा बदलने के लिए मिस्र आदि देशों को चली हैं। मैं जा रहा हूँ इनका अतिथि होकर। कालभे केवल संगीत की चर्चा नहीं करतीं; इनमें यथेष्ट विद्या भी है, दर्शन-शास्त्र, धर्म-शास्त्र का विशेष समादर करती हैं। इनका निहायत दरिद्र अवस्था में जन्म हुआ था, पर धीरे-धीरे अपनी प्रतिभा के बल से, विशेष परिश्रम से, अनेक कष्ट सहकर, अब इन्होंने प्रचुर धन पैदा कर लिया है! राजा-बादशाहों के सम्मान की अधीश्वरी हैं।

मादाम मेलवा, मादाम एमा एम.स., आदि सब प्रसिद्ध गायिकाएँ हैं। जॉद रेजके, प्लंकां आदि सब बहुत मशहूर गवैए हैं—ये सभी दो-तीन लाख रुपए साल में पैदा करते हैं, लेकिन कालभे में विद्या के साथ-साथ एक नई प्रतिभा है। असाधारण रूप, यौवन, प्रतिभा और दैवी कंठ—यह सब मिलकर कालभे को गायिकामंडली में शीर्ष-स्थान पर पहुँचा रहा है, परंतु दुःख-दारिद्र्य से बढ़कर दूसरा शिक्षक और नहीं! वह शैशव का अति कठिन दारिद्र्य-दुःख-कष्ट—जिनके साथ दिन-रात लड़ाई कर कालभे को यह विजय मिली है, उस संग्राम ने उनके जीवन में एक अपूर्व सहानुभूति, एक गंभीर भाव ला दिया है। फिर इस देश में जैसा उद्योग है, वैसे उपाय भी है। हमारे देश में उद्योग रहने पर भी उपाय का बिल्कुल ही अभाव है। बंगाली लड़कियों में विद्या सीखने की समधिक इच्छा रहने पर भी उपाय के अभाव से वे विफल हो जाती हैं; बंगभाषा में सीखने लायक है भी क्या? वही जोशीले सड़े उपन्यास और नाटक! फिर विदेशी भाषा में या संस्कृत भाषा में अटकी हुई विद्या, दो ही चार लोगों के लिए है। इन सब देशों में अपनी भाषा में असंख्य पुस्तकें हैं। और ऊपर से जब जिस भाषा में कोई नई चीज निकलती है, तो उसी वक्त उसका अनुवाद कर सर्वसाधारण के सामने उसे ये लोग हाजिर करते जा रहे हैं।

मादाम मेलवा, मादाम एमा एम.स., आदि सब प्रसिद्ध गायिकाएँ हैं। जॉद रेजके, प्लंकां आदि सब बहुत मशहूर गवैए हैं—ये सभी दो-तीन लाख रुपए साल में पैदा करते हैं, लेकिन कालभे में विद्या के साथ-साथ एक नई प्रतिभा है। असाधारण रूप, यौवन, प्रतिभा और दैवी कंठ—यह सब मिलकर कालभे को गायिकामंडली में शीर्ष-स्थान पर पहुँचा रहा है, परंतु दुःख-दारिद्र्य से बढ़कर दूसरा शिक्षक और नहीं!

मस्ये जुल बोआ प्रसिद्ध लेखक हैं; सब धर्मों, सब कुसंस्कारों, सब ऐतिहासिक तत्त्वों के आविष्कार में विशेष पटु हैं। मध्य युग में यूरोप में जो

सब शैतान-पूजा, जादू, मारण, उच्चाटन, झाड़-फूँक, मंत्र-तंत्र थे और अब भी जो कुछ है, वह सारा इतिहास लिपिबद्ध करके इन्होंने एक प्रसिद्ध पुस्तक तैयार की है। ये सुकवि हैं और विक्टर ह्यूगो, ला मार्टिन आदि फ्रांसीसी और गेटे, सिलर आदि जर्मन महाकवियों के भीतर भारत के जो वेदांत-भाव प्रविष्ट हैं, उन सब भावों के पोषक हैं। वेदांत का प्रभाव यूरोप के काव्य और दर्शन-शास्त्र में बहुत है। सभी अच्छे कवि वेदांती हैं। दार्शनिक तत्त्व लिखने चले कि घूम-फिरकर वेदांत, परंतु हाँ, कोई-कोई स्वीकार नहीं करना चाहते। अपनी मौलिकता बहाल रखना चाहते हैं—जैसे हर्बर्ट स्पेंसर आदि, परंतु अधिकांश लोग स्पष्ट रूप से स्वीकार करते हैं। और बिना किए जाएँ भी कहाँ—इस तार, रेलवे और अखबारों के जमाने में? जुल बड़े निरभिमानी और शांत प्रकृति के हैं और साधारण अवस्था के आदमी होने पर भी इन्होंने बड़ी खातिर से पेरिस में मुझे अपने मकान पर रखा था। इस समय हम लोग एक ही साथ भ्रमण के लिए चले हैं।

दार्शनिक तत्त्व लिखने चले कि घूम-फिरकर वेदांत, परंतु हाँ, कोई-कोई स्वीकार नहीं करना चाहते। अपनी मौलिकता बहाल रखना चाहते हैं—जैसे हर्बर्ट स्पेंसर आदि, परंतु अधिकांश लोग स्पष्ट रूप से स्वीकार करते हैं। और बिना किए जाएँ भी कहाँ—इस तार, रेलवे और अखबारों के जमाने में?

कांस्टान्टिनोप्ल तक हमारे रास्ते के साथी एक और दंपती हैं—पेयर हियासांथ और उनकी सहधर्मिणी। पेयर, अर्थात् पिता हियासांथ थे—कैथोलिक संप्रदाय की एक कठोर तपस्वी शाखा के संन्यासी। पांडित्य और असाधारण वाग्मिता-गुण तथा तपस्या के प्रभाव से फ्रांस में और समग्र कैथोलिक संप्रदायों में इनकी विशेष प्रतिष्ठा थी। महाकवि विक्टर ह्यूगो दो आदमियों की फ्रेंच भाषा की तारीफ करते थे—उनमें पेयर हियासांथ एक हैं। चालीस वर्ष की उम्र होने पर पेयर हियासांथ ने एक अमेरिकी स्त्री के प्रेमपाश में बँधकर उससे विवाह कर डाला। बड़ा शोरगुल मचा—अवश्य कैथोलिक समाज ने

उनका त्याग किया। नंगे पैर, अलखला पहले हुए तपस्वी वेश छोड़कर, पेयर हियासांथ गृहस्थों का हैट-कोट-बूट पहनकर हुए—मस्ये लायजन, लेकिन मैं उन्हें उनके पहले के नाम से ही पुकारता हूँ—वह बहुत दिनों की बात हुई; यूरोप-प्रसिद्ध हंगामा था वह! प्रोटेस्टेंटों ने उन्हें बड़े आदर से ग्रहण किया, कैथोलिक लोग घृणा करने लगे। पोप ने उनके गुणों का आदर कर उनका त्याग करना नहीं चाहा, कहा, "तुम ग्रीक कैथोलिक पादरी होकर रहो (उस शाखा के पादरी एक ही बार ब्याह कर पाते हैं, परंतु बड़ा पद नहीं पाते), परंतु रोमन चर्च मत छोड़ो।" लेकिन लायजन गृहिणी ने उन्हें खींच-खाँचकर पोप के मकान से निकाला। क्रमशः पुत्र-पौत्र हुए; अब वृद्ध लायजन जेरुसलेम चले हैं—ईसाई और मुसलमानों में जिससे सद्भाव हो, इस प्रचेष्टा में। उनकी गृहिणी ने शायद बड़े-बड़े स्वप्न देखे थे कि लायजन कहीं दूसरा मार्टिन लूथर होगा, पोप का सिंहासन कहीं उलटकर भूमध्य सागर में न फेंक दे। यह सब तो कुछ भी नहीं हुआ; हुआ—फ्रांसीसी जैसा कहते हैं—'इतो नष्टस्ततो भ्रष्टः', लेकिन मादाम लायजन के वे दिवास्वप्न चल रहे है!

पोप ने उनके गुणों का आदर कर उनका त्याग करना नहीं चाहा, कहा, "तुम ग्रीक कैथोलिक पादरी होकर रहो (उस शाखा के पादरी एक ही बार ब्याह कर पाते हैं, परंतु बड़ा पद नहीं पाते), परंतु रोमन चर्च मत छोड़ो।" लेकिन लायजन गृहिणी ने उन्हें खींच-खाँचकर पोप के मकान से निकाला। क्रमशः पुत्र-पौत्र हुए; अब वृद्ध लायजन जेरुसलेम चले हैं—ईसाई और मुसलमानों में जिससे सद्भाव हो, इस प्रचेष्टा में।

वृद्ध लायजन बड़े मधुरभाषी, नम्र और भक्त प्रकृति के आदमी हैं। मेरे साथ मुलाकात होते ही कितनी बातें, अनेक धर्मों की, अनेक मतों की हुईं, परंतु भक्त आदमी अद्वैतवाद से कुछ डरा हुआ है। गृहिणी का भाव शायद मेरे ऊपर कुछ विरूप है। वृद्ध के साथ जब मेरी त्याग, वैराग्य और संन्यास

की चर्चा होती है और जब उनके प्राणों में वह चिरकाल का भाव जाग उठता है, तब गृहिणी की नसें शायद थर्रा जाती हैं। इस पर औरत-मर्द सब फ्रांसीसी सारा कसूर गृहिणी पर ही थोपते हैं, कहते हैं, 'इस औरत ने हमारे एक महातपस्वी साधु को नष्ट कर डाला है।' गृहिणी के लिए कुछ विपत्ति तो है न? फिर रहना पेरिस में कैथोलिकों के देश में। ब्याहे हुए पादरी को देखकर वे लोग घृणा करते हैं। औरत, बच्चे लेकर धर्म-प्रचार—यह कैथोलिक बिल्कुल नहीं सह सकता। गृहिणी में फिर कुछ कर्कशा के लक्षण भी हैं! एक बार गृहिणी ने किसी अभिनेत्री पर घृणा प्रकट करके कहा, "तुम बिना विवाह किए हुए अमुक के साथ रहती हो, तुम बड़ी खराब औरत हो।" उस अभिनेत्री ने झट जवाब दिया, "मैं तुम से लाख दर्जे अच्छी हूँ। मैं एक साधारण आदमी के साथ रहती हूँ और कानून के अनुसार विवाह नहीं किया तो न सही, पर तुमने तो महापाप किया है—इतने बड़े एक साधु का धर्म नष्ट कर दिया। यदि तुम्हारे प्रेम की ऐसी ही लहर उठी थी, तो साधु की सेवादासी ही बनकर रहती; उससे ब्याह कर गृहस्थ बना उसे नष्ट क्यों कर डाला?"

गृहिणी के लिए कुछ विपत्ति तो है न? फिर रहना पेरिस में कैथोलिकों के देश में। ब्याहे हुए पादरी को देखकर वे लोग घृणा करते हैं। औरत, बच्चे लेकर धर्म-प्रचार—यह कैथोलिक बिल्कुल नहीं सह सकता। गृहिणी में फिर कुछ कर्कशा के लक्षण भी हैं! एक बार गृहिणी ने किसी अभिनेत्री पर घृणा प्रकट करके कहा, "तुम बिना विवाह किए हुए अमुक के साथ रहती हो, तुम बड़ी खराब औरत हो।"

'सड़े कुम्हड़े शरीर' की बात जिस देश में सुनकर हँसता था, उसका भी एक दृष्टिकोण से कुछ अर्थ है—देखा तो?

खैर, मैं सब सुनता हूँ और चुप रहता हूँ। कुछ हो, वृद्ध पेयर हिमासांथ बड़े प्रेमी हैं और शांत; वे प्रसन्न हैं अपने स्त्री-पुत्र लेकर; देश भर के आदमियों का क्या? हाँ, गृहिणी जरा शांत रहे तो शायद सब मिट जाए, लेकिन

बात क्या है, समझे भाई साहब, मैं देख रहा हूँ कि पुरुष और स्त्रियों में सब देशों में समझने की, विचार करने की राह अलग है। पुरुष एक तरफ समझते हैं, स्त्रियाँ दूसरी तरफ से। पुरुषों की युक्ति एक तरह की है और स्त्रियों की दूसरी तरह की। पुरुष स्त्री को माफ करते हैं और दोष पुरुष के सिर पर लादते हैं; स्त्रियाँ पुरुष को माफ करती हैं और सब दोष स्त्री पर रखती हैं।

इन लोगों के साथ हमारा विशेष लाभ यह है कि उसी एक अमेरिकी को छोड़कर बाकी कोई अंग्रेजी नहीं जानता। अंग्रेजी भाषा में बातचीत बिल्कुल बंद है। पश्चिम में किसी समाज में सभी की परिचित भाषा के अतिरिक्त किसी अन्य भाषा में बातचीत करना शालीनता के विरुद्ध मानते हैं। लिहाजा किसी तरह मुझे फ्रेंच में ही सब कहना और सुनना पड़ रहा है।

इन लोगों के साथ हमारा विशेष लाभ यह है कि उसी एक अमेरिकी को छोड़कर बाकी कोई अंग्रेजी नहीं जानता। अंग्रेजी भाषा में बातचीत बिल्कुल बंद है। पश्चिम में किसी समाज में सभी की परिचित भाषा के अतिरिक्त किसी अन्य भाषा में बातचीत करना शालीनता के विरुद्ध मानते हैं। लिहाजा किसी तरह मुझे फ्रेंच में ही सब कहना और सुनना पड़ रहा है।

पेरिस नगरी से मित्रवर मैक्सिम ने अनेक स्थानों के पत्र आदि इकट्ठे कर दिए हैं, जिससे सब देश ठीक तरह से देखे जा सकें। मैक्सिम प्रसिद्ध 'मैक्सिम गन' के निर्माता हैं—जिस तोप से लगातार गोले चलते रहते हैं, अपने आप ही ठस जाते, आप ही छूट जाते, जिसका विराम नहीं। मैक्सिम पहले के अमेरिकी हैं, अब इंग्लैंड में रहते हैं, यहाँ उनके तोपों के कारखाने आदि हैं। मैक्सिम तोपों की बातें ज्यादा करने पर चिढ़ता है, कहता है, "महाशय, मैंने क्या और कुछ भी नहीं किया, इस आदमी मारनेवाले कल को छोड़कर?"

मैक्सिम चीन-भक्त है, भारत-भक्त है, धर्म और दर्शनादि का सुंदर लेखक है। मेरी पुस्तकें पढ़कर बहुत दिनों से मुझ पर अनुराग रखता है—

निहायत अनुराग। और मैक्सिम राजा-रजवाड़ों को तोप बेचता है, सब देशों में जान-पहचान है, लेकिन उसके घनिष्ठ मित्र हैं—ली हुं चांग, विशेष श्रद्धा चीन पर है, धर्मानुराग कन्फूशी मत पर है। चीनी नाम से कभी-कभी अखबारों में क्रिस्तान पादरियों के विरुद्ध लिखता है—वे लोग चीन क्या करने जाते हैं, क्यों जाते हैं, इत्यादि—मैक्सिम पादरियों का चीन में धर्म प्रचार बिल्कुल नहीं सह सकता। मैक्सिम की गृहिणी भी ठीक वैसी ही है, चीन-भक्त और क्रिस्तानियों से घृणा करनेवाली, लड़के-बच्चे नहीं है, वृद्ध आदमी है, धन अटूट है।

यात्रा का निश्चय हुआ—पेरिस से रेल द्वारा वियना; इसके बाद कांस्टान्टिनोप्ल, इसके बाद जहाज द्वारा एथेंस, ग्रीस; इसके बाद भूमध्य सागर पर मिस्र; इसके बाद एशिया माइनर, जेरूसलेम आदि। 'ओरीआंताल एक्सप्रेस ट्रेन' पेरिस से इस्तांबूल तक रोज दौड़ती है। उसमें अमेरिका की नकल पर सोने, बैठने, खाने की जगह है।

यात्रा का निश्चय हुआ—पेरिस से रेल द्वारा वियना; इसके बाद कांस्टान्टिनोप्ल, इसके बाद जहाज द्वारा एथेंस, ग्रीस; इसके बाद भूमध्य सागर पर मिस्र; इसके बाद एशिया माइनर, जेरूसलेम आदि। 'ओरीआंताल एक्सप्रेस ट्रेन' पेरिस से इस्तांबूल तक रोज दौड़ती है। उसमें अमेरिका की नकल पर सोने, बैठने, खाने की जगह है। ठीक अमेरिका की गाड़ी की तरह संपन्न न होने पर भी बहुत कुछ उसी तरह की है। उस गाड़ी पर चढ़कर 24 अक्तूबर को पेरिस छोड़ रहे हैं।

आज 23 अक्तूबर है। कल संध्या समय पेरिस से विदा लूँगा। इस साल (1900 ईसवी) यह पेरिस सभ्य संसार का केंद्र हो रहा है, इस साल महाप्रदर्शनी है। अनेक दिशाओं और देशों से समागत सज्जनों का संगम है। देश-देशांतरों के मनीषीगण अपनी प्रतिभा के प्रकाश से अपने देश की महिमा का विस्तार कर रहे हैं, आज इस पेरिस में। इस महाकेंद्र की मेरी-ध्वनि आज जिनका नामोच्चारण करेगी, वह नाद-तरंग साथ-ही-साथ उनके स्वदेश को संसार के सम्मुख

गौरवान्वित कर देगी। और मेरी जन्मभूमि—यह जर्मन, फ्रांसीसी, अंग्रेज, इटली आदि बुध-मंडली मंडित महाराजधानी में तुम कहाँ हो बंगभूमि? कौन तुम्हारा नाम लेता है? कौन तुम्हारे अस्तित्व की घोषणा करता है? उन अनेक गौरांग प्रतिभा-मंडली के भीतर से बंगभूमि—हमारे मातृभूमि के एक यशस्वी वीर युवा ने अपने नाम की घोषणा की—वह वीर संसार-प्रसिद्ध वैज्ञानिक डॉक्टर जगदीश चंद्र बसु हैं! अकेले बंगाली युवा वैज्ञानिक ने आज विद्युत् वेग से पाश्चात्य मंडली को अपनी प्रतिभा से मुग्ध कर दिया—वह विद्युत्-संसार, जिससे उन्होंने मातृभूमि के मृतप्राय शरीर में नवजीवन का तरंग-संचार कर दिया! संपूर्ण वैज्ञानिक-मंडली के शीर्ष-स्थानीय हैं आज जगदीश वसु—भारतवासी, बंगवासी! धन्य है वीर! वसु और उनकी सती, साध्वी, सर्वगुणसंपन्ना धर्मपत्नी जिस देश में जाते हैं, वहीं भारत का मुख उज्ज्वल कर देते हैं—बंगालियों का गौरव बढ़ाते हैं। धन्य दंपती!

बंगाली युवा वैज्ञानिक ने आज विद्युत् वेग से पाश्चात्य मंडली को अपनी प्रतिभा से मुग्ध कर दिया—वह विद्युत्-संसार, जिससे उन्होंने मातृभूमि के मृतप्राय शरीर में नवजीवन का तरंग-संचार कर दिया! संपूर्ण वैज्ञानिक-मंडली के शीर्ष-स्थानीय हैं आज जगदीश वसु—भारतवासी, बंगवासी! धन्य है वीर! वसु और उनकी सती, साध्वी, सर्वगुणसंपन्ना धर्मपत्नी जिस देश में जाते हैं, वहीं भारत का मुख उज्ज्वल कर देते हैं—बंगालियों का गौरव बढ़ाते हैं। धन्य दंपती!

और मिस्टर लेगेट ने कितना ही अर्थ व्यय कर अपने पेरिसवाले प्रासाद में भोजन आदि की व्यवस्था के साथ-ही-साथ नित्य अनेक यशस्वी-यशस्विनी नर-नारियों के समागम की व्यवस्था की है, उसकी आज समाप्ति होगी।

कवि, दार्शनिक, वैज्ञानिक, नीतिकार, सामाजिक, गायक, गायिका, शिक्षक, शिक्षिकाएँ, चित्रकार, शिल्पी, भास्कर, वादक इत्यादि अनेक जाति के गुणियों का समावेश मिस्टर लेगेट के आतिथ्य समादर के आकर्षण से

उनके घर में ही हुआ! वह पर्वत-निर्झरवत् वाग्छटा, अग्नि-स्फुलिंगवत् चतुर्दिक् समुत्थित भाव-विकास, सम्मोहन संगीत, मनीषी-मनः संघर्ष—समुत्थित-चिंतामंत्र-प्रवाह, सबको देश-काल के ज्ञान को नष्ट कर मुग्ध कर रखता था! उसकी भी समाप्ति हुई।

सभी वस्तुओं का अंत है। आज एक बार और यह पूंजीकृत भावरूप—स्थिर सौदामिनी, यह अपूर्व-भूस्वर्ग समावेश पेरिस-प्रदर्शनी देख आया।

आज दो दिन से पेरिस में लगातार बारिश हो रही है। फ्रांस के प्रति सदा ही सदय सूर्यदेव आज कई रोज से विरूप हैं। नाना दिग्देशागत, शिल्प, शिल्पी, विद्या और विद्वानों के पीछे गूढ़ भाव से प्रभावित इंद्रियविलास देखकर सूर्यदेव का मुखमंडल मेघ-कलुषित हो गया है अथवा अनेक रागों से रंजित काष्ठ तथा वस्त्रों की इस माया अमरावती का आशु विनाश सोचकर उन्होंने दुःख से मुख छिपा लिया है।

आज दो दिन से पेरिस में लगातार बारिश हो रही है। फ्रांस के प्रति सदा ही सदय सूर्यदेव आज कई रोज से विरूप हैं। नाना दिग्देशागत, शिल्प, शिल्पी, विद्या और विद्वानों के पीछे गूढ़ भाव से प्रभावित इंद्रियविलास देखकर सूर्यदेव का मुखमंडल मेघ-कलुषित हो गया है अथवा अनेक रागों से रंजित काष्ठ तथा वस्त्रों की इस माया अमरावती का आशु विनाश सोचकर उन्होंने दुःख से मुख छिपा लिया है।

हम लोग भी अब भागें तो जान बचे। प्रदर्शनी का टूटना एक बड़ा व्यापार है। यही भूस्वर्ग, नंदनोपम पेरिस के रास्ते, घुटने भर कीच, चूना और बालू से भर जाएँगे। दो-एक बड़ों को छोड़कर, प्रदर्शनी के सभी घरद्वार, काठकूट, चीथड़ों और चूनाकारी का ही तो खेल है—जैसे यह कुल संसार! यह सब जब टूटता रहता है, चूने के कण उड़कर दम रोक देते हैं, बालू और चीथड़ों से रास्ते मैले और कदर्य बन जाते हैं, इस पर पानी बरसा कि मामला और भी बन गया।

24 अक्तूबर को संध्या समय गाड़ी ने पेरिस छोड़ा। अंधकारपूर्ण रात्रि, देखने को कुछ भी नहीं। मैं और मस्ये बोआ एक कमरे में जल्द ही लेट गए। नींद से जागकर देखता हूँ, हम लोग फ्रांस की सीमा छोड़कर जर्मन साम्राज्य में आ पहुँचे हैं। जर्मनी पहले अच्छी तरह देखा हुआ है; लेकिन फ्रांस के बाद जर्मनी है—बड़ा ही प्रतिद्वंद्वी भाव है। यात्येकतोस्तशिखरं पतिरोषधीनां (एक और चंद्रमा अस्त हो रहा है)—एक और भुवनस्पर्शी फ्रांस, प्रतिहिंसा की आग से जलता हुआ खाक हुआ जा रहा है और एक तरफ केंद्रीकृत नूतन महाबली जर्मनी महावेग से उदयशिखराभिमुख चला जा रहा है! कृष्णकेश, कुछ खर्वकाय, शिल्पप्राण, विलासप्रिय, अति सुसभ्य फ्रांसीसियों का शिल्पविन्यास एक तरफ है और हिरण्यकेश, दीर्घाकार, दिनांग जर्मनी का स्थूल हस्तावलेप दूसरी तरफ। पेरिस के बाद पाश्चात्य संसार में और दूसरा नगर नहीं है; सब उसी पेरिस की नकल है, कम-से-कम चेष्टा तो है ही। फ्रांसीसियों में उस शिल्प-सुषमा का सूक्ष्म सौंदर्य है। जर्मन, अंग्रेज, अमेरिका में यह अनुकरण स्थूल है। फ्रांसीसियों का बलविन्यास भी जैसे सौंदर्यमय हो, जर्मनों की सौंदर्य-विकास-चेष्टा भी भयानक है। फ्रेंच-प्रतिभा का मुखमंडल क्रोधाक्त होने पर भी सुंदर है, परंतु जर्मन-प्रतिभा का मधुर हास्यमंडित-मुख भी मानो भयंकर प्रतीत होता है। फ्रेंच सभ्यता स्नायुमयी है, कपूर की तरह, कस्तूरी की तरह क्षण भर में उड़कर घर-द्वार भर देती है; जर्मन सभ्यता पेशीमयी है, सीसे की तरह; पारे की तरह वजनदार। जहाँ पड़ी है, वहाँ पड़ी ही है। जर्मनों की मांसपेशियाँ लगातार अश्रांत भाव से जिंदगी भर ठकठक

24 अक्तूबर को संध्या समय गाड़ी ने पेरिस छोड़ा। अंधकारपूर्ण रात्रि, देखने को कुछ भी नहीं। मैं और मस्ये बोआ एक कमरे में जल्द ही लेट गए। नींद से जागकर देखता हूँ, हम लोग फ्रांस की सीमा छोड़कर जर्मन साम्राज्य में आ पहुँचे हैं। जर्मनी पहले अच्छी तरह देखा हुआ है; लेकिन फ्रांस के बाद जर्मनी है—बड़ा ही प्रतिद्वंद्वी भाव है।

हथौड़ी मार सकती हैं; फ्रांसीसियों की देह नरम है, औरतों की तरह; किंतु जब केंद्रीभूत होकर घाव मारती है, तो वह लोहार के हथौड़े की तरह होता है। उसकी चोट सहना बड़ा ही कठिन है।

जर्मन फ्रांसीसियों की नकल कर बड़ी-बड़ी इमारतें उठा रहे हैं, बड़ी मूर्तियाँ, अश्वारोही, रथी उन प्रासाद-शिखरों पर स्थापित कर रहे हैं, लेकिन जर्मनों के दुमंजिले मकान देखने पर पूछने की इच्छा होती है—ये मकान क्या आदमियों के रहने के लिए हैं या हाथियों और ऊँटों के तबेले हैं? और फ्रांसीसियों का पचमंजिला हाथी-घोड़ों का मकान देखकर भ्रम होता है कि इस मकान में शायद परियाँ रहती होंगी।

> *जर्मन फ्रांसीसियों की नकल कर बड़ी-बड़ी इमारतें उठा रहे हैं, बड़ी मूर्तियाँ, अश्वारोही, रथी उन प्रासाद-शिखरों पर स्थापित कर रहे हैं, लेकिन जर्मनों के दुमंजिले मकान देखने पर पूछने की इच्छा होती है—ये मकान क्या आदमियों के रहने के लिए हैं या हाथियों और ऊँटों के तबेले हैं? और फ्रांसीसियों का पचमंजिला हाथी-घोड़ों का मकान देखकर भ्रम होता है कि इस मकान में शायद परियाँ रहती होंगी।*

अमेरिका जर्मन प्रवाह से अनुप्राणित है। लाखों जर्मन हर शहर में रहते हैं। भाषा अंग्रेजी होने से क्या हुआ? अमेरिका धीरे-धीरे जर्मनी के रूप में बदलता जा रहा है। जर्मनी की जनसंख्या-वृद्धि प्रबल है; जर्मन बड़े ही कष्ट-सहिष्णु हैं। आज जर्मनी यूरोप का आदेशदाता है। सबके ऊपर, दूसरी जातियों के बहुत पहले, जर्मनी ने प्रत्येक नर-नारी को राजदंड का भय दिखाकर विद्या सिखलाई है—आज उस वृक्ष का फल भोजन बन रहा है, जर्मनी की सेना प्रतिष्ठा में सर्वश्रेष्ठ है। जर्मनी ने जान लड़ा दी है, युद्धपोतों में भी सर्वश्रेष्ठ पद अधिकृत करने के लिए। जर्मनी ने पण्य-निर्माण में अंग्रेजों को भी परास्त कर दिया है। अंग्रेजों के उपनिवेशों में भी जर्मन-पण्य, जर्मन-मनुष्य, धीरे-धीरे एकाधिपत्य लाभ कर रहे हैं। जर्मनी के सम्राट् की आज्ञा से सब जातियों ने

चीन के क्षेत्र में सिर झुका जर्मन सेनापति की अधीनता स्वीकार की है।

दिन भर गाड़ी जर्मनी की भीतर से चलती रही; तीसरे पहर जर्मन आधिपत्य के प्राचीन केंद्र, अब परराज्य, आस्ट्रिया की सीमा में पहुँची। इस यूरोप के प्रत्येक देश में भ्रमणोपयोगी कुछ चीजों पर निहायत ज्यादा शुल्क है; कुछ चीजें सरकार के ही अधिकार में हैं, जैसे तंबाकू। फिर रूस और तुर्की में तुम्हारे राजा की छूट बिना प्रवेश बिल्कुल निषिद्ध है; छूट अर्थात् पासपोर्ट निहायत जरूरी है। इसके अलावा रूस और तुर्की तुम्हारी किताबें, कागज-पत्र सब छीन लेंगे; इसके बाद वे लोग देखभाल कर अगर समझें कि तुम्हारे पास तुर्की या रूस के राज्य तथा धर्म के विपक्ष में कोई किताब या कागज नहीं है, तब वह जब उसी वक्त वापस कर देंगे, नहीं तो वे सब किताबें और पत्र जब्त हो जाते हैं। दूसरे-दूसरे देशों में इस कमबख्त तंबाकू का बड़ा हंगाम है। संदूक, पिटारा, गठरी—सब खोलकर दिखाना होगा कि तंबाकू है या नहीं। और कांस्टान्टिनोप्ल आने पर दो बड़े देश, जर्मनी और आस्ट्रिया और कई छोटे-छोटे देशों से गुजरना पड़ता है; ये छोटे-छोटे भाग सब तुरस्क के परगने थे, अब स्वाधीन क्रिस्तान राजाओं ने एकत्र होकर मुसलमानों के हाथ से, जितने हो सके हैं, क्रिस्तानवाले परगने छीन लिये हैं। इन छोटी चींटियों की काट बड़े चींटों से भी बहुत ज्यादा है।

दिन भर गाड़ी जर्मनी की भीतर से चलती रही; तीसरे पहर जर्मन आधिपत्य के प्राचीन केंद्र, अब परराज्य, आस्ट्रिया की सीमा में पहुँची। इस यूरोप के प्रत्येक देश में भ्रमणोपयोगी कुछ चीजों पर निहायत ज्यादा शुल्क है; कुछ चीजें सरकार के ही अधिकार में हैं, जैसे तंबाकू।

25 अक्तूबर को संध्या के बाद ट्रेन आस्ट्रिया की राजधानी वियना नगरी में पहुँची। आस्ट्रिया और रूस के राजवंश के नर-नारियों को आर्क-ड्यूक और आर्क-डचेस कहते हैं, इस गाड़ी से आर्क-ड्यूक उतरेंगे; उनके बिना उतरे दूसरे यात्रियों को उतरने का अधिकार नहीं है। हम लोग प्रतीक्षा करते रहे। अनेक प्रकार की जरी-बूटेदार वरदी पहने हुए कुछ सैनिक लोग और

पंख लगी हुई टोपी लगाए, कुछ सैन्य आर्क-ड्यूक के लिए प्रतीक्षा कर रहे थे। उन लोगों में घिरकर आर्क-ड्यूक और डचेस, दोनों उतर गए। हम लोगों को भी छुटकारा मिला। चटपट उतरकर संदूक-बिस्तरे पास कराने का उद्योग करने लगे। यात्री बहुत कम थे; संदूक-बिस्तरा दिखाकर पास कराने में ज्यादा देर नहीं लगी। पहले से एक होटल का पता लगा रखा था, उसका आदमी गाड़ी लेकर प्रतीक्षा कर रहा था। हम लोग भी यथासमय होटल में पहुँचे गए। उस रात को और देखना-भालना क्या होता? दूसरे दिन प्रातःकाल शहर देखने निकले।

सभी होटलों में तथा इंग्लैंड और जर्मनी को छोड़ प्रायः सभी स्थानों में फ्रेंच चाल-चलन है। हिंदुओं की तरह दो बार खाना होता है। प्रातःकाल, दोपहर और सायंकाल, अर्थात् रात 8:00 बजे के अंदर। प्रातःकाल, अर्थात् 8-9 बजे के समय कुछ काफी पीते हैं, इंग्लैंड और रूस के अतिरिक्त चाय की चलन अन्यत्र बहुत कम है। दिन के भोजन का फ्रांसीसी नाम है—'देजुने', अर्थात् उपवास-भंग, अंग्रेजी—'ब्रेकफास्ट'।

सभी होटलों में तथा इंग्लैंड और जर्मनी को छोड़ प्रायः सभी स्थानों में फ्रेंच चाल-चलन है। हिंदुओं की तरह दो बार खाना होता है। प्रातःकाल, दोपहर और सायंकाल, अर्थात् रात 8:00 बजे के अंदर। प्रातःकाल, अर्थात् 8-9 बजे के समय कुछ काफी पीते हैं, इंग्लैंड और रूस के अतिरिक्त चाय की चलन अन्यत्र बहुत कम है। दिन के भोजन का फ्रांसीसी नाम है—'देजुने', अर्थात् उपवास-भंग, अंग्रेजी—'ब्रेकफास्ट'। सायं भोजन का नाम है—'दिने', अंग्रेजी—'डिनर'।

चाय पीने की धूम रूस में खूब है—निहायत ठंडक पड़ती है और चीन भी नजदीक है। चीन की चाय बड़ी अच्छी होती है। उसका अधिकांश रूस में ही जाता है। रूस का चाय पीना चीन की तरह है, अर्थात् दूध नहीं मिलाया जाता। दूध मिलने पर चाय या काफी जहर की तरह अपकारी होती है। असल

चाय पीनेवाली जातियाँ—चीनी, जापानी, रूसी और मध्य एशियावासी—बिना दूध की चाय पीती हैं। उसी तरह तुर्की आदि आदिम काफी पान करनेवाली जातियाँ बिना दूध के काफी पान करती हैं, लेकिन रूस में चाय में एक टुकड़ा नीबू और एक रोड़ा चीनी का छोड़ देते हैं। गरीब लोग एक रोड़ा चीनी का मुँह में रखकर उसके ऊपर से चाय पीते हैं और एक आदमी का पीना समाप्त हो जाने वह रोड़ा निकालकर दूसरे को दे देते हैं, वह मनुष्य भी वही रोड़ा पूर्ववत् मुँह में डालकर चाय पीता है!

वियना शहर पेरिस की नकल का एक छोटा शहर है, परंतु आस्ट्रियन जाति के जर्मन हैं। अब तक आस्ट्रिया का सम्राट् लगभग पूरे जर्मनी का सम्राट् था, परंतु वर्तमान समय में प्रशिया का बादशाह केवल आस्ट्रिया को छोड़कर लगभग समस्त जर्मनी का सम्राट् है और इसका कारण है, प्रशिया के राजा विलहेल्म की दूरदर्शिता, उसके योग्य मंत्री बिस्मार्क का अपूर्व बुद्धि-कौशल तथा उसके सेनापति फान माल्तके की युद्ध संबंधी प्रतिभा।

वियना शहर पेरिस की नकल का एक छोटा शहर है, परंतु आस्ट्रियन जाति के जर्मन हैं। अब तक आस्ट्रिया का सम्राट् लगभग पूरे जर्मनी का सम्राट् था, परंतु वर्तमान समय में प्रशिया का बादशाह केवल आस्ट्रिया को छोड़कर लगभग समस्त जर्मनी का सम्राट् है और इसका कारण है, प्रशिया के राजा विलहेल्म की दूरदर्शिता, उसके योग्य मंत्री बिस्मार्क का अपूर्व बुद्धि-कौशल तथा उसके सेनापति फान माल्तके की युद्ध संबंधी प्रतिभा। आज हतश्री, हतवीर्य आस्ट्रिया किसी तरह अपने पूर्वकाल के नाम और गौरव की रक्षा कर रहा है।

आस्ट्रियन राजवंश ह्यप्स्वर्ग वंश यूरोप का सबसे प्राचीन और अभिजात राजवंश है, जो जर्मन राजनय कुल यूरोप के प्राय: सभी देशों में सिंहासन पर अधिष्ठित है। जिस जर्मनी के छोटे-छोटे राजाओं ने इंग्लैंड और रूस में भी महाबल साम्राज्य शीर्ष पर सिंहासन की स्थापना की है, उसी जर्मनी के

बादशाह अब तक आस्ट्रिया के राजवंश के थे। उस शान और गौरव की इच्छा आस्ट्रिया में पूर्णत: है। केवल अभाव है शक्ति का। तुर्क को यूरोप में 'आतुर वृद्ध पुरुष' कहते हैं; आस्ट्रिया को 'आतुर वृद्धा स्त्री' कहना चाहिए।

आस्ट्रिया कैथोलिक संप्रदाय से मिली हुई है; उस दिन तक आस्ट्रिया के साम्राज्य का नाम था—'पवित्र रोम साम्राज्य'। वर्तमान जर्मनी 'प्रोटेस्टेंट-प्रबल' है। आस्ट्रिया के सम्राट् सदा पोप के दाहिने हाथ रहे हैं, अनुगामी शिष्य रोमन संप्रदाय के नेता। अब यूरोप में कैथोलिक बादशाह केवल एक आस्ट्रिया के सम्राट् हैं, कैथोलिक संघ की बड़ी लड़की फ्रांस है, अब प्रजातंत्र; स्पेन, पुर्तगाल, अध:पतित हैं! इटली ने केवल पोप को सिंहासन-स्थापना की जगह दी है; पोप का ऐश्वर्य, राज्य—सब छीन लिया है; इटली के राजा और रोम के पोप से कभी आँखें भी नहीं मिलतीं, बड़ी शत्रुता है। पोप की राजधानी, रोम अब इटली की राजधानी है। पोप के प्राचीन प्रासाद पर दखल कर अब राजा निवास करते हैं। पोप का प्राचीन इटली राज्य अब पोप के वैटिकन प्रासाद की चौहद्दी तक परिमित है, किंतु पोप का धर्म संबंधी प्राधन्य अब भी बहुत है। इस शक्ति का विशेष सहायक आस्ट्रिया है। आस्ट्रिया के विरुद्ध अथवा पोप-सहाय आस्ट्रिया की बहुकाल से व्याप्त दासता के विरुद्ध, नई इटली का अभ्युत्थान हुआ। इसीलिए आस्ट्रिया इटली के विपक्ष में है। इटली को खो देने के कारण बीच में इंगलैंड के कुटिल परामर्श से नवीन इटली महासैन्य-बल, रणपोत-बल संग्रह करने में कटिबद्ध हुई, लेकिन उतना रुपया

आस्ट्रिया कैथोलिक संप्रदाय से मिली हुई है; उस दिन तक आस्ट्रिया के साम्राज्य का नाम था—'पवित्र रोम साम्राज्य'। वर्तमान जर्मनी 'प्रोटेस्टेंट-प्रबल' है। आस्ट्रिया के सम्राट् सदा पोप के दाहिने हाथ रहे हैं, अनुगामी शिष्य रोमन संप्रदाय के नेता। अब यूरोप में कैथोलिक बादशाह केवल एक आस्ट्रिया के सम्राट् हैं, कैथोलिक संघ की बड़ी लड़की फ्रांस है, अब प्रजातंत्र; स्पेन, पुर्तगाल, अध:पतित हैं!

कहाँ? ऋण के जाल से जकड़कर इटली नष्ट होने की राह देख रही है; फिर कहाँ का उत्पात खड़ा किया—अफ्रीका में राज्य विस्तार करने गई। हब्शी बादशाह के पास हारकर हतमान, हतश्री होकर बैठ गई है। इधर प्रशिया ने युद्ध में हराकर आस्ट्रिया को बहुत दूर हटा दिया। आस्ट्रिया धीरे-धीरे मरी जा रही है और इटली नवीन जीवन के दुर्व्यवहार से तद्वत् जालबद्ध हो गई है।

आस्ट्रिया के राजवंशवालों को अब भी यूरोप के सब राजवंशों से ज्यादा अहंकार है। वे लोग बहुत प्राचीन और बहुत बड़े वंश के हैं। इस वंश के विवाह आदि खूब छान-बीन के बाद होते हैं। कैथोलिक बिना हुए इस वंश के साथ विवाह आदि होते ही नहीं। इस बड़े वंश के चक्कर में पड़ने के कारण ही महावीर नेपोलियन का अध:पतन हुआ। न जाने कैसे उनके दिमाग में समा गया कि बड़े राजवंश की लड़की से विवाह करके पुत्र-पौत्रादि क्रम से एक महावंश की स्थापना करे। जिस वीर ने, "आप किस वंश में पैदा हुए हैं?" इस प्रश्न के उत्तर में कहा था, "मैं किसी के वंश की संतान नहीं हूँ—मैं महावंश का स्थापक हूँ अर्थात् मुझसे महिमान्वित वंश चलेगा, मैं किसी पूर्व पुरुष का नाम लेकर बड़ा होने के लिए नहीं पैदा हुआ।" उसी वीर का इस वंश-मर्यादा रूपी अंधकूप में पतन हुआ!

आस्ट्रिया के राजवंशवालों को अब भी यूरोप के सब राजवंशों से ज्यादा अहंकार है। वे लोग बहुत प्राचीन और बहुत बड़े वंश के हैं। इस वंश के विवाह आदि खूब छान-बीन के बाद होते हैं। कैथोलिक बिना हुए इस वंश के साथ विवाह आदि होते ही नहीं। इस बड़े वंश के चक्कर में पड़ने के कारण ही महावीर नेपोलियन का अध:पतन हुआ।

रानी जोसेफिन का परित्याग, युद्ध में पराजित कर आस्ट्रिया के बादशाह से कन्या-ग्रहण, महासमारोह के साथ आस्ट्रियन राजकुमारी मेरी लुई के साथ बोनापार्ट का विवाह, पुत्र-जन्म, नवजात शिशु का रोम-राज्य में अभिषिक्त करना, नेपोलियन का पतन, ससुर की शत्रुता, लाइपजिक्, वाटरलू, सेंट

हेलेना, रानी मेरी लुई का सपुत्र पिता के घर वास, साधारण सैनिक के साथ बोनापार्ट-सम्राज्ञी का विवाह, एकमात्र पुत्र की—रोम-राज्य की मातामह के यहाँ मृत्यु—ये सब इतिहास-प्रसिद्ध कथाएँ हैं।

फ्रांस इस समय पहले से कुछ कमजोर हालत में पड़कर अपना प्राचीन गौरव स्मरण कर रहा है। आजकल नेपोलियन संबंधी पुस्तकें बहुत हैं। सार्दू आदि नाट्यकार आजकल नेपोलियन के बारे में अनेक नाटक लिख रहे हैं। मादाम बार्नहार्ड, रेजां आदि अभिनेत्रियाँ, कॉफेलाँ आदि अभिनेतागण उन सब नाटकों का अभिनय कर, हर रात को थियेटर भर रहे हैं। संप्रति 'एगलं' (गरुड़ शावक) नामक एक पुस्तक का अभिनय कर मादाम बार्नहार्ड ने पेरिस-नगरी में बड़ा आकर्षण उपस्थित कर दिया है।

फ्रांस इस समय पहले से कुछ कमजोर हालत में पड़कर अपना प्राचीन गौरव स्मरण कर रहा है। आजकल नेपोलियन संबंधी पुस्तकें बहुत हैं। सार्दू आदि नाट्यकार आजकल नेपोलियन के बारे में अनेक नाटक लिख रहे हैं। मादाम बार्नहार्ड, रेजां आदि अभिनेत्रियाँ, कॉफेलाँ आदि अभिनेतागण उन सब नाटकों का अभिनय कर, हर रात को थियेटर भर रहे हैं।

गरुड़ शावक है, बोनपार्ट का एकमात्र पुत्र; मातामहगृह में वियना के प्रासाद में एक तरह नजरबंद। आस्ट्रिया के बादशाह के मंत्री, चाणक्य मेटार्निक इस बात में सदा ही सतर्क हैं कि बालक के मन में पिता की गौरव कहानी बिल्कुल न पहुँचे, परंतु बोनापार्ट के दो-चार पुराने सैनिक अनेक उपायों से सामबोर्न प्रासाद में अज्ञात भाव से बालक की नौकरी करते हैं; उनकी इच्छा है, किसी तरह बालक को फ्रांस में हाजिर करना और समवेत यूरोपियन राजनयगण द्वारा पुनः स्थापित बुर्वो वंश को हटाकर बोनापार्ट वंश की स्थापना करना। शिशु महावीर पुत्र है; पिता की रण-गौरव की कहानी सुनकर उसका वह सुप्त तेज बहुत जल्द जाग उठा। क्रांतकारियों के साथ बालक सामबोर्न प्रासाद से एक

दिन भागा; परंतु मेटार्निक की कुशाग्र बुद्धि ने पहले ही से पता लगा लिया था—उसने यात्रा रोक दी। बोनापार्ट के लड़के को फिर सामबोर्न प्रासाद में लौटना पड़ा। बद्ध-पक्ष गरुड़ शिशु ने भग्न हृदय हो थोड़े ही दिनों में प्राण छोड़ दिए।

यह सामबोर्न प्रासाद साधारण प्रासाद है, लेकिन घर-द्वार सजे-सजाए हैं। किसी कमरे में सिर्फ चीना काम है, किसी में सिर्फ हिंदू दस्तकारी, किसी कमरे में किसी दूसरे देश का काम, इसी प्रकार अनेक और। प्रासाद का उद्यान बहुत ही मनोहर है, परंतु इस समय जितने आदमी इस प्रासाद को देखने जाते हैं; सब ही देखने जाते हैं कि बोनापार्ट-पुत्र किस घर में सोते थे, किसमें पढ़ते थे, किस कमरे में उनकी मृत्यु हुई थी आदि-आदि। कितने ही अहमक फ्रेंच स्त्री-पुरुष वहाँ के रक्षक-कर्मचारियों से पूछ रहे हैं, 'एगलं' का कमरा कौन सा है? किस बिस्तर पर वे सोते थे? अरे अहमक! आस्ट्रिया के लोग जानते हैं कि यह बोनापार्ट का लड़का है। उन पर जुल्म कर, उनकी लड़की छीनकर हुआ था, यह संबंध; उनकी वह घृणा आज भी नहीं गई है। आस्ट्रिया के सम्राट् का नाती है और निराश्रय है; इसीलिए उसे रखा है। उसको रोमराज की कोई उपाधि नहीं दी है। सिर्फ आस्ट्रिया के सम्राट् का नाती है, इसलिए ड्यूक है, बस। उसे तुम लोगों ने गरुड़ शिशु मानकर एक किताब लिखी है और उस पर अनेक प्रकार की कल्पनाएँ जोड़-गाँठकर मादाम बार्नहार्ड की प्रतिभा से एक आकर्षण फैला दिया है, लेकिन इस आस्ट्रिया के कर्मचारी ने वह नाम किस तरह जाने, जरा कहो तो सही? इस पर उस किताब में लिखा गया है कि नेपोलियन के पुत्र

यह सामबोर्न प्रासाद साधारण प्रासाद है, लेकिन घर-द्वार सजे-सजाए हैं। किसी कमरे में सिर्फ चीना काम है, किसी में सिर्फ हिंदू दस्तकारी, किसी कमरे में किसी दूसरे देश का काम, इसी प्रकार अनेक और। प्रासाद का उद्यान बहुत ही मनोहर है, परंतु इस समय जितने आदमी इस प्रासाद को देखने जाते हैं...

को आस्ट्रिया के बादशाह ने मंत्री मेटारनिक के परामर्श से एक तरह से मार ही डाला।

कर्मचारी 'एगलं' सुनकर मुँह फुलाकर बड़बड़ाता हुआ घर-द्वार दिखाने लगा, क्या करें, बख्शीश छोड़ना भी बहुत मुश्किल है। तिस पर, इन आस्ट्रिया आदि देशों में सैनिक विभाग में वेतन नहीं है, यही कहना ठीक होगा; एक तरह से रोटियों पर ही रहना पड़ता है। यह सही है कि कुछ साल बाद घर लौट जाते हैं। कर्मचारी के मुँह पर कालिमा दौड़ गई और इस प्रकार उसने स्वदेश-प्रियता जाहिर की, लेकिन हाथ आप-ही-आप बख्शीश की तरफ चला। फ्रांसीसियों का दल कर्मचारी की मुट्ठी गरम करके 'एगलं' की कहानी कहते और मेटार्निक को गालियाँ देते हुए घर लौटे। कर्मचारी लंबा सलाम बजाकर द्वार बंद करने लगा। मन-ही-मन कुल फ्रेंच जाति की पुश्तों की खबर जरूर ली होगी।

कर्मचारी 'एगलं' सुनकर मुँह फुलाकर बड़बड़ाता हुआ घर-द्वार दिखाने लगा, क्या करें, बख्शीश छोड़ना भी बहुत मुश्किल है। तिस पर, इन आस्ट्रिया आदि देशों में सैनिक विभाग में वेतन नहीं है, यही कहना ठीक होगा; एक तरह से रोटियों पर ही रहना पड़ता है। यह सही है कि कुछ साल बाद घर लौट जाते हैं। कर्मचारी के मुँह पर कालिमा दौड़ गई और इस प्रकार उसने स्वदेश-प्रियता जाहिर की, लेकिन हाथ आप-ही-आप बख्शीश की तरफ चला।

वियना शहर में देखने की चीज है—म्यूजियम, विशेषकर वैज्ञानिक म्यूजियम। विद्यार्थियों के लिए विशेष उपकारक स्थान है। नाना प्रकार के प्राचीन लुप्त जीवों की हड्डियों आदि के अनेक संग्रह हैं। चित्रगृह में डच चित्रकारों के चित्र ही अधिकतर हैं। डच संप्रदाय में सौंदर्य-निदर्शन की प्रचेष्टा बहुत कम है; जीवप्रकृति का पूर्ण रूप से अनुकरण करने में इस संप्रदाय की प्रधानता है। एक शिल्पी ने लगातार कई साल मेहनत करके कुछ मछलियाँ तैयार की हैं अथवा एक टुकड़ा मांस या

एक गिलास पानी। वे मछलियाँ, मांस या जल चमत्कारपूर्ण हैं, लेकिन डच संप्रदाय की सब स्त्रियाँ मानो कुश्तीगीर पहलवान!

वियना शहर में जर्मन पांडित्य और बुद्धिबल है, लेकिन जिस कारण से तुर्की धीरे-धीरे अवसन्न हो गया, वही कारण यहाँ भी मौजूद हैं अर्थात् अनेक विभिन्न जातियों और भाषाओं का समावेश है। असल आस्ट्रिया के आदमी जर्मन-भाषी, कैथोलिक हैं। हंगरी के आदमी तातारवंशी हैं, भाषा अलग है और कुछ ग्रीकभाषी हैं, ग्रीक चर्च के क्रिस्तान। इन सब विभिन्न संप्रदायों को एकीभूत करने की शक्ति आस्ट्रिया में नहीं, इसीलिए आस्ट्रिया का अधःपतन हुआ।

वियना शहर में जर्मन पांडित्य और बुद्धिबल है, लेकिन जिस कारण से तुर्की धीरे-धीरे अवसन्न हो गया, वही कारण यहाँ भी मौजूद हैं अर्थात् अनेक विभिन्न जातियों और भाषाओं का समावेश है। असल आस्ट्रिया के आदमी जर्मन-भाषी, कैथोलिक हैं। हंगरी के आदमी तातारवंशी हैं, भाषा अलग है और कुछ ग्रीकभाषी हैं, ग्रीक चर्च के क्रिस्तान।

वर्तमान काल में यूरोप खंड में जातीयता की एक महातरंग उठी है। एक भाषा, एक धर्म तथा एक जाति के लोग आपस में मिलकर एक हो जाने की चेष्टा कर रहे हैं। जहाँ इस प्रकार की एकता स्थापित हो रही है, वहाँ महाबल का प्रादुर्भाव रहा है। जहाँ नहीं है, वहीं नाश है। वर्तमान आस्ट्रिया-सम्राट् की मृत्यु के बाद अवश्य ही जर्मनी आस्ट्रिया-साम्राज्य का जर्मन भाषी अंश हड़प लेने की चेष्टा करेगा—रूप आदि अवश्य बाधा डालेंगे। महासमर की संभावना है। वर्तमान सम्राट् अत्यंत वृद्ध हैं—वह दुर्योग बहुत जल्द होगा। जर्मन सम्राट् तुर्की के सुल्तान के आजकल सहायक हैं। उस समय जब जर्मनी आस्ट्रिया के ग्रास के लिए मुँह फैलाएगा, तब रूस का बैरी तुर्क रूस को कुछ-न-कुछ बाधा तो देगा ही, इसलिए जर्मन सम्राट् तुर्क से विशेष मित्रता दिखा रहे हैं।

वियना में तीन रोज रहकर तबीयत थक गई। पेरिस के बाद यूरोप देखना

चर्वचोष्य भोजन के बाद इमली की चटनी खाना है—वही कपड़े-लत्ते, खान-पान, वही सब एक ढंग, दुनिया भर के लोगों का अजीब वही एक काला कुरता, वही एक विकट टोपी! इसके ऊपर हैं—मेघ और नीचे किलबिला रहे हैं, ये काली टोपी और काले कुरतेवाले, दम जैसे घुटने लगता है। यूरोप भर में वही एक पोशाक, वही एक चाल-चलन! प्राकृतिक नियमानुसार यह सब मृत्यु का चिह्न है!

सैकड़ों वर्ष से कसरत कराकर हम लोगों के आर्यों ने हम लोगों को एक ऐसे ढर्रे पर कर दिया है कि हम लोग एक ही ढंग से दाँत माँजते हैं, मुँह धोते हैं, खाते-पीते हैं आदि; फलतः हम लोग क्रमशः एक यंत्र जैसे हो गए हैं, जान निकल गई है। सिर्फ डोलते फिरते हैं, यंत्र की तरह! यंत्र 'न' नहीं कहता और 'हाँ' भी नहीं कहता, अपना दिमाग नहीं लड़ाता। 'येगास्य पितरो याताः', बाप-दादे जिस तरफ को होकर गए हैं, चला जाता है, इसके बाद सड़कर मर जाता है, इनके लिए वैसा ही होगा! 'कालस्य कुटिला गतिः', सब एक पोशाक, एक ही भोजन, एक ही ढाँचे से बातचीत करना आदि होते-होते क्रमशः सब यंत्र; क्रमशः सब 'येनास्य पितरो याताः' होगा—इसके बाद सड़कर मर जाना।

सैकड़ों वर्ष से कसरत कराकर हम लोगों के आर्यों ने हम लोगों को एक ऐसे ढर्रे पर कर दिया है कि हम लोग एक ही ढंग से दाँत माँजते हैं, मुँह धोते हैं, खाते-पीते हैं आदि; फलतः हम लोग क्रमशः एक यंत्र जैसे हो गए हैं, जान निकल गई है। सिर्फ डोलते फिरते हैं, यंत्र की तरह! यंत्र 'न' नहीं कहता और 'हाँ' भी नहीं कहता, अपना दिमाग नहीं लड़ाता।

28 अक्तूबर, फिर रात को 9 बजे वही ऑरिएंट एक्सप्रेस ट्रेन पकड़ी गई। 30 अक्तूबर को ट्रेन कांस्टान्टिनोप्ल पहुँची। ट्रेन दो रात हंगरी, सर्बिया और बुलगारिया के भीतर से चली। हंगरी के अधिवासी आस्ट्रिया सम्राट् की प्रजा हैं, किंतु आस्ट्रिया सम्राट् की प्रजा हैं। किंतु आस्ट्रिया-सम्राट् की

उपाधि है 'आस्ट्रिया के सम्राट् और हंगरी के राजा।' हंगरी के आदमी और तुर्की लोग एक ही जाति के तथा तिब्बती के एक गोत्र के हैं। हंगरी के लोग कैस्पियन हद की उत्तर की तरफ से यूरोप आए हैं और तुर्क लोगों ने धीरे-धीरे फारस के पश्चिम प्रांत से एशिया माइनर होकर यूरोप दखल किया है। हंगरी के लोग क्रिस्तान हैं और तुर्क मुसलमान हैं, लेकिन वह तातार-खून की युद्धप्रियता दोनों में मौजूद है। हंगरी अधिवासियों ने आस्ट्रिया से अलग होने के लिए बारंबार लड़ाइयाँ लड़ीं, अब केवल नाममात्र को एकत्र रह गए हैं। आस्ट्रिया के सम्राट् नाम ही के लिए हंगरी के राजा हैं। इनकी राजधानी बुडापेस्ट बड़ा साफ-सुथरा सुंदर शहर है। हंगरीवासी बड़े कौतुकप्रिय हैं। संगीत के शौकीन हैं। पेरिस में सभी जगह हंगेरियन बैंड हैं।

सर्बिया, बलगेरिया आदि तुर्की के जिले थे, रूस-युद्ध के बाद यथार्थतः स्वाधीन हुए हैं, परंतु सुल्तान इस समय भी बादशाह हैं और सर्बिया, बलगेरिया वैदेशिक मामलों में कोई भी अधिकार नहीं है। यूरोप में तीन जातियाँ सभ्य हैं—फ्रांसीसी, जर्मन और अंग्रेज। शेष लोगों की दुर्दशा हमारी ही तरह है—अधिकांश इतने असभ्य हैं कि एशिया में इतनी नीच कोई जाति नहीं। सर्बिया और बलगेरिया में वही मिट्टी के घर, चीथड़े पहने हुए लोग, कूड़ों का ढेर—जान पड़ता है, जैसे अपने देश में आ पहुँचे। फिर क्रिस्तान हैं न? दो-चार सूअर अवश्य ही हैं। दो सौ असभ्य आदमी जितना मैला नहीं कर सकते, वह एक सूअर करता है! मिट्टी के घर, उनकी मिट्टी की छतें, पहनने को चीथड़े, सूअरसहाय सर्बिया या बलगार!

सर्बिया, बलगेरिया आदि तुर्की के जिले थे, रूस-युद्ध के बाद यथार्थतः स्वाधीन हुए हैं, परंतु सुल्तान इस समय भी बादशाह हैं और सर्बिया, बलगेरिया वैदेशिक मामलों में कोई भी अधिकार नहीं है। यूरोप में तीन जातियाँ सभ्य हैं—फ्रांसीसी, जर्मन और अंग्रेज। शेष लोगों की दुर्दशा हमारी ही तरह है—अधिकांश इतने असभ्य हैं कि एशिया में इतनी नीच कोई जाति नहीं।

बड़े रक्तस्राव तथा अनेक युद्धों के बाद तुर्कों की दासता छूटी है, लेकिन साथ-ही-साथ भयानक उत्पात। यूरोप के ढंग से फौज गढ़ना होगा, नहीं तो किसी एक-एक दिन के लिए भी निस्तार नहीं है। अवश्य दो दिन आगे या बाद यह सब रूस के पेट में जाएगा, परंतु फिर भी वह दो दिन का जीवन भी फौज के बिना असंभव है।

'कांसिक्रप्शन' (अनिवार्य भरती) चाहिए। बुरे समय फ्रांस जर्मनी के हाथों पराजित हुआ। क्रोध और भय से फ्रांस ने देश भर के आदमियों को सिपाही बना डाला। पुरुष मात्र को कुछ दिनों के लिए सिपाही होना होगा, युद्ध सीखना होगा; किसी का निस्तार नहीं। तीन वर्ष तक बैरक में वास करके, करोड़पति का लड़का क्यों न हो, बंदूक कंधे पर रखकर युद्ध सीखना होगा। गवर्नमेंट खाने-पहनने को देगी और तनख्वाह रोज एक पैसा। इसके बाद उसे दो वर्ष तक सर्वदा अपने मकान में तैयार रहना होगा; इसके बाद और भी पंद्रह वर्ष तक जरूरत पड़ते ही लड़ाई के लिए उसे हाजिर होना होगा।

'कांसिक्रप्शन' (अनिवार्य भरती) चाहिए। बुरे समय फ्रांस जर्मनी के हाथों पराजित हुआ। क्रोध और भय से फ्रांस ने देश भर के आदमियों को सिपाही बना डाला। पुरुष मात्र को कुछ दिनों के लिए सिपाही होना होगा, युद्ध सीखना होगा; किसी का निस्तार नहीं। तीन वर्ष तक बैरक में वास करके, करोड़पति का लड़का क्यों न हो, बंदूक कंधे पर रखकर युद्ध सीखना होगा।

जर्मनी ने सिंह को उकसाया है, उसे भी इसलिए तैयार होना पड़ा, दूसरे देश भी, इसके डर से वह और उसके डर से यह, यूरोप भर में वही कांसिक्रप्शन, एक इंग्लैंड को छोड़कर। इंग्लैंड है एक द्वीप—जहाज लगातार बढ़ा रहा है, लेकिन इस बोयर युद्ध की शिक्षा पाकर शायद कांसिक्रप्शन ही होगा। रूस की जनसंख्या सबसे ज्यादा है, इसलिए रूस सबसे ज्यादा फौज खड़ा कर सकता है। इस समय जो ये यूरोपवासी तुर्की को तोड़-ताड़ कर सर्बिया, बलगेरिया आदि दुर्बल देश सृष्टि

कर रहे हैं, उनके जन्म होते ही आधुनिक सुशिक्षित सभ्य फौज और तोपें आदि चाहिए, पर आखिर यह पैसा कौन दे? लिहाजा, किसानों को चिथड़े पहनने पड़े हैं और शहर में देखोगे, झब्बा-झुब्बा पहने हुए सिपाही। यूरोप भर में सिपाही, सिपाही—सर्वत्र सिपाही। फिर भी स्वाधीनता एक चीज है और गुलामी दूसरी। दूसरे लोग अगर जबरदस्ती कराएँ तो बहुत अच्छा काम भी नहीं किया जा सकता। अपना दायित्व न रहने पर कोई भी बड़ा काम कोई नहीं कर सकता। स्वर्ण शृंखलायुक्त गुलामी की अपेक्षा एक वक्त भोजन कर, चिथड़े पहनकर स्वाधीन रहना लाख गुना अच्छा है। गुलाम के लिए इस लोक में भी नरक हैं और परलोक में भी वही। यूरोप के आदमी सर्बिया, बुलगार आदि लोगों की दिल्लगी उड़ाते हैं—उनकी भूल, अज्ञानता आदि को लेकर दिल्लगी करते हैं, किंतु इतने काल की दासता के बाद वे क्या एक दिन में काम सीख सकते हैं? भूल तो करेंगे—दो सौ करेंगे—करके सीखेंगे, सीखकर ठीक करेंगे। उत्तरदायित्व हाथ में आने पर अत्यंत दुर्बल भी सबल हो जाता है, अज्ञान भी विचक्षण होता है।

रेलगाड़ी हंगरी, रूमानिया आदि के भीतर से चली। मृतप्राय आस्ट्रिया साम्राज्य में जो सब जातियाँ वास करती हैं। उनमें हंगेरियनों में जीवनी शक्ति अब भी मौजूद हैं, यूरोप की दो-एक क्षुद्र जातियों को छोड़कर और सभी जातियाँ उसी महाजाति के अंतर्गत हैं। जो दो-एक जातियाँ संस्कृत-सम भाषा नहीं बोलतीं, हंगेरियन लोग उन्हीं में अन्यतम हैं।

रेलगाड़ी हंगरी, रूमानिया आदि के भीतर से चली। मृतप्राय आस्ट्रिया साम्राज्य में जो सब जातियाँ वास करती हैं। उनमें हंगेरियनों में जीवनी शक्ति अब भी मौजूद हैं, यूरोप की दो-एक क्षुद्र जातियों को छोड़कर और सभी जातियाँ उसी महाजाति के अंतर्गत हैं। जो दो-एक जातियाँ संस्कृत-सम भाषा नहीं बोलतीं, हंगेरियन लोग उन्हीं में अन्यतम हैं। हंगेरियन और तुर्की एक ही जाति के हैं। अपेक्षाकृत आधुनिक समय में इसी महाप्रबल जाति ने एशिया

और यूरोपखंड में आधिपत्य-विस्तार किया है। जिस देश को इस समय तुर्किस्तान कहते हैं, पश्चिम में हिमालय और हिंदुकुश पर्वत के उत्तरस्थित वह देश इस तुर्क जाति की आदि निवास-भूमि है। उस देश का तुर्की नाम 'चागवई' है। दिल्ली का मुगल बादशाह वंश, वर्तमान फारस का राजवंश, कांस्टान्टिनोप्लपति तुर्कवंश और हंगेरियन जाति, सभी उस 'चागवाई' देश से क्रमशः भारत से आरंभ कर, धीरे-धीरे यूरोप तक अपना अधिकार बढ़ाते गए हैं और आज भी ये सब वंश अपने को चागवई कहकर परिचय देते हैं तथा एक ही भाषा में वार्त्तालाप करते हैं।

ये तुर्की लोग बहुत काल पहले अवश्य असभ्य थे। भेड़, घोड़े, गौओं के दल साथ लिये, स्त्री-पुत्र, डेरा-डंडा समेत जहाँ जानवरों के चरने लायक घास देखते, वहीं डेरा गाड़कर कुछ दिन टिक रहते थे। वहाँ का घास-जल चुक जाने पर अन्यत्र चले जाते थे। अब भी इस जाति के अनेक वंश मध्य एशिया में इसी तरह वास करते हैं।

> ***ये तुर्की लोग बहुत काल पहले अवश्य असभ्य थे। भेड़, घोड़े, गौओं के दल साथ लिये, स्त्री-पुत्र, डेरा-डंडा समेत जहाँ जानवरों के चरने लायक घास देखते, वहीं डेरा गाड़कर कुछ दिन टिक रहते थे। वहाँ का घास-जल चुक जाने पर अन्यत्र चले जाते थे। अब भी इस जाति के अनेक वंश मध्य एशिया में इसी तरह वास करते हैं।***

मुगल आदि मध्य एशिया की जातियों के साथ भाषागत इनका संपूर्ण ऐक्य हैं, आकृति में कुछ फर्क है। सिर की गढ़न और गाल की हड्डी की उच्चता में तुर्क का मुख मुगलों के समान है, परंतु तुर्क की नाक चपटी नहीं, बल्कि बड़ी है, आँखें सीधी और बड़ी हैं, लेकिन मुगलों की तरह दोनों आँखों के बीच में व्यवधान बहुत ज्यादा है। अनुमान होता है कि बहुत काल से इस तुर्की जाति के भीतर आर्य और सेमेटिक खून समाया हुआ है। सनातन काल से यह तुरस्क जाति बड़ी ही युद्धप्रिय है और इस जाति के साथ संस्कृत भाषी, गांधारी और ईरानियों के मिश्रण से—अफगान, खिलजी, हजारी,

बरखजाई, यूसुफजाई आदि युद्धप्रिय सदा रणोन्मत्त, भारत की निग्रहकारिणी जातियों की उत्पत्ति हुई है। बहुत प्राचीन काल में इस जाति ने बार-बार भारत के पश्चिम में स्थित सब देशों को जीतकर बड़े-बड़े राज्यों की स्थापना की थी। तब ये लोग बौद्ध धर्मावलंबी थे अथवा भारत दखल करने के बाद बौद्ध हो जाते थे।

कश्मीर के प्राचीन इतिहास में हुस्क, युस्क, कनिष्क नामक तीन प्रसिद्ध तुरस्क सम्राटों की कथा है; यही कनिष्क महायान के नाम से उत्तरायण में बौद्ध धर्म के संस्थापक थे। बहुत काल बाद इनमें अधिकांश ने मुसलमान धर्म ग्रहण कर लिया और बौद्ध धर्म के मध्य एशिया में स्थित गांधार, काबुल आदि सब प्रधान प्रधान केंद्र बिल्कुल नष्ट कर दिए गए। मुसलमान होने के पहले ये लोग जब जो देश विजय करते थे, उस देश की सभ्यता और विद्या ग्रहण करते थे और दूसरे देशों की विद्या-बुद्धि आकृष्ट कर सभ्यता-विस्तार की चेष्टा करते थे, परंतु जब से मुसलमान हुए, इनमें केवल युद्धप्रियता ही रह गई; विद्या और सभ्यता का नाम भी न रह गया, बल्कि जिस देश पर इनकी विजय होती थी, उसकी सभ्यता का दीपक गुल हो जाता।

कश्मीर के प्राचीन इतिहास में हुस्क, युस्क, कनिष्क नामक तीन प्रसिद्ध तुरस्क सम्राटों की कथा है; यही कनिष्क महायान के नाम से उत्तरायण में बौद्ध धर्म के संस्थापक थे। बहुत काल बाद इनमें अधिकांश ने मुसलमान धर्म ग्रहण कर लिया और बौद्ध धर्म के मध्य एशिया में स्थित गांधार, काबुल आदि सब प्रधान प्रधान केंद्र बिल्कुल नष्ट कर दिए गए।

वर्तमान अफगान गांधार आदि देशों में जगह-जगह इनके बौद्ध पूर्व-पुरुषों के बनाए हुए अपूर्व स्तूप, मठ, मंदिर, विराट् मूर्तियाँ सब विद्यमान हैं, परंतु तुर्कियों के प्रभाव के कारण तथा उन लोगों के मुसलमान हो जाने के कारण वे सब मंदिरादि प्राय: ध्वंस हो गए हैं और आधुनिक अफगान आदि इस तरह के असभ्य और मूर्ख हो गए हैं कि उन सब प्राचीन स्थापत्यों का

अनुकरण करना तो दूर रहा, उनकी यह धारणा है कि इस प्रकार के बड़े काम मनुष्य द्वारा कभी न किए गए होंगे, वरन् 'जिन' जैसे अपदेवताओं द्वारा ही उनका निर्माण हुआ होगा।

वर्तमान फारस की दुर्दशा का प्रधान कारण यह है कि राजवंश है—प्रबल असभ्य तुर्क, जाति और प्रजा है—अत्यंत सभ्य आर्य, प्राचीन फारस-जाति के वंशधर। इसी प्रकार सभ्य आर्यवंशोद्भव ग्रीकों और रोमवालों की अंतिम रंगभूमि कांस्टान्टिनोप्ल साम्राज्य महाबल बर्बर तुरस्कों के पैरों तले रौंदकर नष्ट हो गया है। केवल भारत के मुगल बादशाह इस नियम के बाहर थे। शायद हिंदू भाव और रक्त मिश्रण का फल है। राजपूत, भाट और चारणों के इतिहास-ग्रंथों में भारत-विजेता कुल मुसलमान वंश, तुर्क के नाम से प्रसिद्ध हैं। यह नाम बहुत ही ठीक है, कारण—भारत विजेता मुसलमानों की सेनाएँ जिस किसी जाति से भरी क्यों न रही हों, नेतृत्व सदा इसी तुर्क जाति के हाथ में रहा था।

वर्तमान फारस की दुर्दशा का प्रधान कारण यह है कि राजवंश है—प्रबल असभ्य तुर्क, जाति और प्रजा है—अत्यंत सभ्य आर्य, प्राचीन फारस-जाति के वंशधर। इसी प्रकार सभ्य आर्यवंशोद्भव ग्रीकों और रोमवालों की अंतिम रंगभूमि कांस्टान्टिनोप्ल साम्राज्य महाबल बर्बर तुरस्कों के पैरों तले रौंदकर नष्ट हो गया है। केवल भारत के मुगल बादशाह इस नियम के बाहर थे। शायद हिंदू भाव और रक्त मिश्रण का फल है।

बौद्ध धर्म-त्यागी तुर्कों के नेतृत्व में तथा बौद्ध या वैदिक धर्म-त्यागी, तुर्कों के अधीन रहनेवाले, उनके बाहुबल से मुसलमान कृत हिंदू जाति के अंश विशेष द्वारा पैतृक धर्म में स्थित अपर विभाग के बारंबार विजय का नाम है—भारत में मुसलमान-आक्रमण, विजय और साम्राज्य स्थापना। यह तुर्कों की भाषा अवश्य उनके चेहरों की तरह बहुमिश्रित हो गई है—विशेषत: उन दलों की भाषाएँ, जो अपनी मातृभूमि चागवई से दूर चले गए हैं, बहुत मिश्रित

हो गई हैं। इस वर्ष फारस के शाह पेरिस प्रदर्शनी देखकर कांस्टान्टिनोप्ल होकर रेल द्वारा अपने देश को वापस गए। देश-काल का बहुत कुछ व्यवधान रहने पर भी सुल्तान और शाह ने उसी प्राचीन तुर्की मातृभाषा में वार्त्तालाप किया। लेकिन सुल्तान की तुर्की, फारसी, अरबी और दो-चार ग्रीक शब्दों से मिली हुई थी, शाह की तुर्की कुछ ज्यादा शुद्ध थी।

प्राचीन काल में इन चागवई-तुर्कों के दो दल थे। एक दल का नाम था—सफेद भेड़ों का दल और दूसरे दल का नाम था—काले भेड़ों का दल। दोनों दल जन्मभूमि कश्मीर के उत्तर भाग से भेड़ चराते-चराते और देशों में लूट-मार करते हुए क्रमशः कैस्पियन ह्रद के किनारे आ पहुँचे। सफेद भेड़वाले कैस्पियन ह्रद की उत्तर की तरफ से होकर यूरोप में घुसे और उन्होंने ध्वंसावशिष्ट रोम-राज्य का एक टुकड़ा लेकर हंगरी नामक राज्य स्थापित किया। काले भेड़वाले कैस्पियन ह्रद की दक्षिण की तरफ से क्रमशः फारस के पश्चिम भाग पर अधिकार कर, काकेशस पर्वत लाँघकर, क्रमशः एशिया माइनर आदि अरबों का राज्य दखल कर बैठे और धीरे-धीरे उन्होंने खलीफा के सिंहासन पर अधिकार कर लिया। फिर पश्चिमी रोम साम्राज्य का जितना अंश बाकी था, उसे भी अपने पेट में डाल लिया। बहुत प्राचीन काल में यह तुर्क जाति साँपों की बहुत पूजा किया करती थी। शायद प्राचीन हिंदू लोग इन्हें ही नाग तक्षकादि के वंशज कहते थे। इसके बाद ये लोग बौद्ध हो गए। बाद में ये लोग जब जो देश जीतते थे, प्रायः उसी देश का धर्म ग्रहण करते थे। कुछ अधिक आधुनिक काल में जिन दो दलों की बातें हम लोग कह रहे हैं, उनमें सफेद भेड़वाले क्रिस्तानों को जीतकर स्वयं क्रिस्तान हो गए तथा काले

प्राचीन काल में इन चागवई-तुर्कों के दो दल थे। एक दल का नाम था—सफेद भेड़ों का दल और दूसरे दल का नाम था—काले भेड़ों का दल। दोनों दल जन्मभूमि कश्मीर के उत्तर भाग से भेड़ चराते-चराते और देशों में लूट-मार करते हुए क्रमशः कैस्पियन ह्रद के किनारे आ पहुँचे।

भेड़वालों को जीता और उनका धर्म ग्रहण कर लिया। परंतु इनके क्रिस्तानी या मुसलमानी धर्म के भीतर अनुसंधान करने पर आज भी नाग-पूजा तथा बौद्ध धर्म के चिह्न पाए जाते हैं।

हंगेरियन लोग जाति और भाषा में तुर्क होने पर भी धर्म में क्रिस्तान हैं—रोमन कैथोलिक। उस समय धर्म की कट्टरता कोई बंधन नहीं मानती थी, न भाषा का, न रक्त का, न देश का। हंगेरियनों की सहायता बिना पाए, आस्ट्रिया आदि क्रिस्तान राज्य बहुधा आत्मरक्षा नहीं कर सकते। वर्तमान समय में विद्या के प्रचार से भाषा-तत्त्व, जाति-तत्त्व के आविष्कार द्वारा रक्तगत और भाषागत एकत्व के ऊपर अधिक आकर्षण हो रहा है; धर्मगत एकता क्रमशः शिथिल होती जा रही है। इसलिए शिक्षित हंगेरियन और तुर्कों के बीच एकता का भाव पैदा हो रहा है।

आस्ट्रिया साम्राज्य के अंतर्गत होने पर भी हंगेरी बारंबार उससे पृथक् होने की चेष्टा कर रहा है। अनेक विप्लव-विद्रोहों के फलस्वरूप यह हुआ है कि हंगरी इस समय नाम के लिए तो आस्ट्रिया का एक प्रदेश है, किंतु व्यावहारिक रूप में पूर्ण स्वाधीन है। आस्ट्रिया के सम्राट् का नाम है, 'आस्ट्रिया के बादशाह और हंगरी के राजा।' आभ्यंतरिक शासन में हंगरी स्वतंत्र है और इसमें प्रजा का पूर्ण अधिकार है।

आस्ट्रिया साम्राज्य के अंतर्गत होने पर भी हंगेरी बारंबार उससे पृथक् होने की चेष्टा कर रहा है। अनेक विप्लव-विद्रोहों के फलस्वरूप यह हुआ है कि हंगरी इस समय नाम के लिए तो आस्ट्रिया का एक प्रदेश है, किंतु व्यावहारिक रूप में पूर्ण स्वाधीन है। आस्ट्रिया के सम्राट् का नाम है, 'आस्ट्रिया के बादशाह और हंगरी के राजा।' आभ्यंतरिक शासन में हंगरी स्वतंत्र है और इसमें प्रजा का पूर्ण अधिकार है। आस्ट्रिया के बादशाह को यहाँ नाममात्र के लिए नेता बना रखा गया है। इतना सा संबंध भी बहुत दिनों तक यहाँ रहेगा, ऐसा नहीं मालूम होता। तुर्की जाति की स्वभावगत रण-कुशलता, उदारता आदि गुण

हंगेरियनों में खूब हैं। साथ ही, मुसलमान न होने के कारण, संगीतादि देवदुर्लभ शिल्प को शैतान की कला न समझने के कारण, संगीत–कला में हंगेरियन अत्यंत पटु तथा यूरोप भर में प्रसिद्ध हैं।

पहले मैं समझता था कि ठंडे मुल्क के आदमी मिर्च ज्यादा नहीं खाते। यह केवल गरम मुल्कों की बुरी आदत है, लेकिन जैसा मिर्च का खाना हंगरी में शुरू हुआ और रूमानिया, बलगेरिया आदि में सप्तम में पहुँचा, उसके सामने शायद मद्रासियों को भी पीठ दिखानी पड़े।

□

यूरोप यात्रा के संस्मरण

कांस्टान्टिनोप्ल का प्रथम दृश्य रेल से मिला। यह एक प्राचीन नगर है—पगार, (सीमा को भेद कर बाहर निकल पड़ा है) अली-गली, कूड़ा-कर्कट, काठ के मकान आदि, किंतु इनमें वैचित्र्यमूलक एक सौंदर्य है। स्टेशन पर पुस्तकों को लेकर एक बड़ा हंगामा उठ खड़ा हुआ। मादमोआजेल कालभे तथा जुलवोआ ने चुंगी के कर्मचारियों को फ्रेंच भाषा में बहुत समझाया, फिर दोनों ओर से कलह। कर्मचारियों का प्रधान एक तुर्क था। उसका खाना आ पहुँचा। फलस्वरूप, झगड़ा शीघ्र ही मिट गया। उसने सभी पुस्तकें वापस कर दीं, दो को छोड़कर। बोला, "इन पुस्तकों को आपके होटल में भेज दूँगा।" किंतु वह 'भेजना' फिर कभी हुआ नहीं।

इस्तांबूल या कांस्टान्टिनोप्ल बाजार घूम आए। 'पोंट' या सागर की खाड़ी के पार 'पेरा' या विदेशियों के क्वार्टर, होटल आदि हैं। वहीं से गाड़ी में नगर-भ्रमण और फिर विश्राम। संध्या के बाद वुड्स पाशा के दर्शनार्थ गमन। दूसरे दिन बोट पर चढ़कर वास्फोर की भ्रमण-यात्रा। खूब ठंडक, जोरों की हवा। प्रथम स्टेशन पर ही मैं एवं मिस मेक्लिऑड उतर गए। ठीक हुआ, उस पार 'स्कूटारी' जाकर पेयर हियासांथे के साथ भेंट की जाए। भाषा न जानने के कारण इशारे से ही बोट भाड़े पर ली, उस पार गमन और फिर गाड़ी भाड़े पर ली। रास्ते में सूफी फकीरों के 'ताकिया' के दर्शन। ये फकीर लोगों की बीमारियाँ अच्छी कर देते हैं। उसका तरीका इस प्रकार है—सर्वप्रथम झुक-झुक कलमा पढ़ना; तदुपरांत नाचना, फिर भावापन्न होना और उसके

बाद रोगमुक्त करना—(रोगी का शरीर) कुचलकर। पेयर हियासांथे के साथ अमेरिकी कॉलेजों के संबंध में बहुत देर तक बातचीत। अरबी दुकानों पर जाना तथा विद्यार्थी तर्क के दर्शन।

'स्कूटारी' से वापस। नौका खोज निकालना, किंतु गंतव्य स्थान पर पहुँचने में उसकी विफलता। जो हो, जहाँ उतरे, वहीं से ट्राम द्वारा घर (इस्तांबूल के होटल में) वापस। यहाँ का म्यूजियम—जिस स्थान पर ग्रीक सम्राटों के प्राचीन हरम थे, वहीं अवस्थित है। शव देह-रक्षार्थ प्रस्तर-निर्मित अपूर्व आधार आदि के दर्शन, तोपखाने के ऊपर से नगर का मनोरम दृश्य। बहुत दिनों के बाद यहाँ चने का भाजा खाकर तृप्ति। तुर्की पुलाव, कबाब आदि ही यहाँ का भोजन है। 'स्कूटारी' का कब्रिस्तान देखने के बाद प्राचीन प्राचीर दर्शनार्थ गमन। प्राचीर के भीतर ही जेल-भयंकर। वुड्स पाशा से भेंट और बास्फोर यात्रा।

'स्कूटारी' से वापस। नौका खोज निकालना, किंतु गंतव्य स्थान पर पहुँचने में उसकी विफलता। जो हो, जहाँ उतरे, वहीं से ट्राम द्वारा घर (इस्तांबूल के होटल में) वापस। यहाँ का म्यूजियम—जिस स्थान पर ग्रीक सम्राटों के प्राचीन हरम थे, वहीं अवस्थित है। शव देह-रक्षार्थ प्रस्तर-निर्मित अपूर्व आधार आदि के दर्शन, तोपखाने के ऊपर से नगर का मनोरम दृश्य।

फ्रांस के परराष्ट्र सचिव के कर्मचारियों के साथ भोजन। कुछ ग्रीक पाशाओं तथा एक अलबानियन सज्जन से भेंट। पेयर हियासांथ के भाषणों पर पुलिस द्वारा रोक; मेरे भाषण भी बंद। देवनमल और चौबेजी—एक गुजराती ब्राह्मण से भेंट। हिंदी-भाषी मुसलमान आदि अनेक भारतवासियों का यहाँ आवास। तुर्की भाषा-विज्ञान पर कुछ बातें हुईं और नूर बे की बात हुई; उसके पितामह फ्रांसीसी थे। कश्मीरियों की तरह सुंदर यहाँ की स्त्रियों में परदे का अभाव। पेशाभाव मुसलमानी। वास्तव में आरमेनियनों का कोई भी देश नहीं। जिन स्थानों में वे रहते हैं, वहाँ मुसलमानों की ही

अधिकता है। वर्तमान सुल्तान ने कुर्दों के हामिदिएरेसल्ला तैयार किया है; उन्हें भी कज्जाकों की तरह शिक्षा दी जाएगी और वे कांसिक्रप्शन के हाथों से छुटकारा पाएँगे।

वर्तमान सुल्तान, आरमेनियन और ग्रीक पेट्रायार्कों को बुलाकर कहते हैं कि तुम लोग राजस्व देने के बदले, सिपाही बनकर मातृभूमि की रक्षा करो। इसका उत्तर वे देते हैं कि यदि मुसलमान और क्रिस्तान, दोनों फौज में भर्ती होकर लड़ाई के मैदान में एक साथ मारे जाएँ, तो उनके धर्मानुसार कब्र देने में बड़ा झमेला होगा। उत्तर में सुल्तान कहते हैं कि उसमें कोई विशेष दिक्कत नहीं, प्रत्येक पल्टन के साथ एक मुल्ला और एक क्रिस्तान पादरी रहेंगे; लड़ाई में मारे जानेवालों की लाशों को एकत्र कर दोनों धर्म के पादरी एक साथ श्राद्ध-मंत्र पढ़ेंगे अथवा एक धर्म के लोगों की आत्माएँ सौभाग्य से दूसरे धर्म का मंत्र सुन लेंगी। क्रिस्तान लोग राजी नहीं हुए, अतः वे राजस्व चुकाते हैं। उनके राजी न होने का कारण है उनका यह भय कि मुसलमानों के साथ रहते-रहते, वे क्रिस्तान लोग कहीं मुसलमान न बन जाएँ। वर्तमान इस्तांबुल के बादशाह बड़े कष्ट-सहिष्णु हैं—प्रासाद में नाटकादि आमोद-प्रमोद की व्यवस्था स्वयं अपने हाथों करते हैं। भूतपूर्व सुल्तान मुराद वास्तव में अत्यंत अकर्मण्य थे—यह बादशाह बहुत बुद्धिमान है। जिस अवस्था में उन्हें राज्य मिला था और जिस प्रकार उन्होंने सारी सल्तनत ठीक कर ली है—यह सोचकर आश्चर्य होता है! संसदीय शासन-प्रथा यहाँ नहीं चल सकती।

वर्तमान सुल्तान, आरमेनियन और ग्रीक पेट्रायार्कों को बुलाकर कहते हैं कि तुम लोग राजस्व देने के बदले, सिपाही बनकर मातृभूमि की रक्षा करो। इसका उत्तर वे देते हैं कि यदि मुसलमान और क्रिस्तान, दोनों फौज में भर्ती होकर लड़ाई के मैदान में एक साथ मारे जाएँ, तो उनके धर्मानुसार कब्र देने में बड़ा झमेला होगा।

दस बजे कांस्टान्टिनोप्ल त्याग। एक रात-दिन समुद्र में। समुद्र बड़ा ही स्थिर। क्रमशः सुवर्णश्रृंग और मारमोरा। मारमोरा के एक द्वीपपुंज में ग्रीक धर्म

का एक मठ देखा। यहाँ प्राचीन काल में धर्म-शिक्षा की बड़ी सुविधा थी, क्योंकि इसके एक ओर एशिया है और दूसरी ओर यूरोप। प्रातःकाल भूमध्यीय द्वीपपुंज देखते समय प्रोफेसर लेपरे के साथ भेंट हो गई। इसके पूर्व मद्रास के पाचियाप्पा कॉलेज में इनके साथ परिचय हुआ था।

एक द्वीप में एक मंदिर के भग्नावशेष देखे। अनुमान है, नेप्चून का मंदिर होगा, क्योंकि समुद्रतट पर यह स्थित जो है। संध्योपरांत एथेंस पहुँचा। एक रात 'क्लोरनटीन' में रहने पर प्रातःकाल उतरने का हुक्म हुआ। पाइरिउसटि बंदर एक छोटा सा शहर है। बंदर बड़ा सुंदर है। समस्त यूरोप की भाँति केवल कहीं-कहीं एकाध जन घाघरा पहने ग्रीक दिखाई पड़े। वहाँ से 5 मील दूर नगर का प्राचीन प्राचीर, जो एथेंस को बंदर के साथ युक्त करता था, गाड़ी में देखने गया। तदुपरांत नगर-दर्शन—आक्रोपोलिस होटल, मकान, घर-द्वार, खूब साफ-सुथरे। राजभवन खूब छोटा। उसी दिन पहाड़ पर चढ़कर आक्रोपोलिस, विजया का मंदिर, पारथेनन आदि के दर्शन किए गए। मंदिर स्वच्छ संगमरमर का बना है। कई भग्नावशेष स्तंभ भी खड़े पाए। दूसरे दिन पुनः मादमोआजेल मेलकार्बि के साथ वे स्तंभ देखने गया। उन्होंने उन सबके संबंध में बहुत सी ऐतिहासिक बातें समझाईं।

एक द्वीप में एक मंदिर के भग्नावशेष देखे। अनुमान है, नेप्चून का मंदिर होगा, क्योंकि समुद्रतट पर यह स्थित जो है। संध्योपरांत एथेंस पहुँचा। एक रात 'क्लोरनटीन' में रहने पर प्रातःकाल उतरने का हुक्म हुआ। पाइरिउसटि बंदर एक छोटा सा शहर है। बंदर बड़ा सुंदर है। समस्त यूरोप की भाँति केवल कहीं-कहीं एकाध जन घाघरा पहने ग्रीक दिखाई पड़े।

दूसरे दिन ओलंपियन जूपिटर का मंदिर, थियेटर डायोनिसियस आदि समुद्र तट तक देखे गए। तीसरे दिन एल्युसिस-यात्रा। यह ग्रीकों का प्रधान धर्मस्थान है। इतिहास प्रसिद्ध एल्युसिस-रहस्य का अभिनय यहीं होता था। किसी धनी ग्रीक ने यहाँ के प्राचीन थियेटर का पुनर्निर्माण कराया है। 'ओलंपियन

खेलों' का वर्तमान काल में पुनः प्रचार हुआ है। वह स्थान स्पार्टा के समीप है। उसमें अमेरिकी बहुत विषयों में विजेता होते हैं, किंतु उस स्थान से एथेंस के इस थियेटर तक की दौड़ में ग्रीक ही विजय-लाभ करते हैं। तुर्कों के समक्ष एक बार उन्होंने इन गुणों का विशेष परिचय दिया है। चौथे दिन, दस बजे रूसी स्टीमर 'जारे' पर चढ़कर मिस्र का मुसाफिर बना। घाट पर आने पर सुना कि स्टीमर छूटेगा चार बजे—हम या तो समय के पहले चले आए थे या माल आदि उठाने में देर होगी। बाध्य होकर 476 से 486 ईसा पूर्व आविर्भूत एजेलॉदस तथा उनके तीन शिष्य—फिडयस, मेरॉन तथा पॉलीक्लेटस के भास्कर्य-कार्य से कुछ परिचय कर आया। अभी जोरों की गरमी आरंभ हो गई है। रूसी जहाज में स्क्रू के ऊपर है, प्रथम श्रेणी। बाकी सब डेक हैं—यात्री, गाय-बैल और भेड़ों से भरा पूरा। फिर इस जहाज में बर्फ तक नहीं है।

संग्रहालय देखने पर ग्रीक कला की तीन अवस्थाएँ समझ पाया। प्रथम, मईसीनियन, द्वितीय, यथार्थ ग्रीक। आचेनी राज्य ने सन्निकट द्वीपपुंजों पर अपना अधिकार जमाना था और इसके साथ ही वह इन द्वीपपुंजों में, एशिया से प्राप्त, सभी प्रचलित कलाओं एवं विद्याओं का भी अधिकारी हुआ था। बहुत प्राचीन काल से आरंभ कर ईसा के 776 वर्ष पूर्व तक 'मईसीनियन' कला का समय है। यह कला प्रधानतः एशियायी कला के अनुकरण पर ही आधारित थी। तदुपरांत, ईसा के 776 वर्ष पूर्व से 176 वर्ष पूर्व तक 'हेलेनिक', अर्थात् यथार्थ ग्रीक कला का समय है। आचेनी साम्राज्य का, दोरियन जाति

संग्रहालय देखने पर ग्रीक कला की तीन अवस्थाएँ समझ पाया। प्रथम, मईसीनियन, द्वितीय, यथार्थ ग्रीक। आचेनी राज्य ने सन्निकट द्वीपपुंजों पर अपना अधिकार जमाना था और इसके साथ ही वह इन द्वीपपुंजों में, एशिया से प्राप्त, सभी प्रचलित कलाओं एवं विद्याओं का भी अधिकारी हुआ था। बहुत प्राचीन काल से आरंभ कर ईसा के 776 वर्ष पूर्व तक 'मईसीनियन' कला का समय है।

द्वारा विध्वंस हो जाने के अनंतर यूरोप तथा द्वीपों में वास करनेवाले ग्रीकों ने एशिया में बहुत से उपनिवेश स्थापित किए। इस कार्य में उन्हें बाबिल तथा मिस्री जातियों के साथ घोर संघर्ष करना पड़ा। तभी से ग्रीक कला की उन्नति हुई और साथ ही एशियाई कला की भावात्मक अभिव्यक्तियों के बहिष्कार तथा कला में प्रकृति की हू-ब-हू नकल करने की प्रचेष्टा का आगमन हुआ। ग्रीक तथा अन्यान्य कलाओं में अंतर बस इतना ही है कि कला प्राकृतिक एवं स्वाभाविक जीवन-घटनाओं की हू-ब-हू नकल भर है।

ईसा के 776 वर्ष पूर्व से 475 वर्ष पूर्व तक 'आर्केइक' ग्रीक कला का समय है। आज की मूर्तियाँ कठोर हैं, जीवन नहीं। अधर कुछ खुले, मानो सर्वदा हँस रही हों। बहुत कुछ मिस्र की कलात्मक मूर्तियों से मिलती-जुलती हैं। सभी मूर्तियाँ दोनों पैर सीधा करके खड़ी हैं। दाढ़ी, केश सभी—खोदी हुई सरल रेखाओं द्वारा अंकित हैं; वस्त्र मूर्तियों के शरीर से चिपके हैं—उलझे-पुलझे से; झूलते हुए वस्त्रों के समान नहीं।

ईसा के 776 वर्ष पूर्व से 475 वर्ष पूर्व तक 'आर्केइक' ग्रीक कला का समय है। आज की मूर्तियाँ कठोर हैं, जीवन नहीं। अधर कुछ खुले, मानो सर्वदा हँस रही हों। बहुत कुछ मिस्र की कलात्मक मूर्तियों से मिलती-जुलती हैं। सभी मूर्तियाँ दोनों पैर सीधा करके खड़ी हैं। दाढ़ी, केश सभी—खोदी हुई सरल रेखाओं द्वारा अंकित हैं; वस्त्र मूर्तियों के शरीर से चिपके हैं—उलझे-पुलझे से; झूलते हुए वस्त्रों के समान नहीं।

'आर्केइक' ग्रीक कला के बाद 'क्लासिक' ग्रीक कला का समय आता है—ईसा के 476 वर्ष पूर्व से 323 वर्ष पूर्व तक, अर्थात् एथेंस के प्रभुत्वकाल से प्रारंभ कर सिकंदर महान् के मृत्यु-काल तक इस कला की उन्नति और विकास का समय है। पिलोपनेश तथा आर्टिका राज्य ही इस काल की कला के चरम विकास के केंद्र थे। एथेंस आर्टिका राज्य का ही एक प्रधान नगर था। कला-शास्त्र के मर्मज्ञ एक फ्रांसीसी विद्वान् ने लिखा है—"चरम विकास के समय (क्लासिक) ग्रीक कला कठोर

नियमों की जंजीर से मुक्त होकर स्वाधीन-पथ-गामिनी हुई थी। उस समय वह किसी देश के कला-संबंधी विधि-निषेधों के अधीन न थी और न उसने उन नियमों के अनुसार अपने ऊपर कोई नियंत्रण ही रखा था। भास्कर्य कला के चरम विकास के रूप में मूर्तियों का निर्माण जिस काल में हुआ था, कला के विकास की उस गौरवमयी ईसा पूर्व पाँचवीं सदी के संबंध में जितनी आलोचना होती है, उतनी ही यह बात स्पष्ट हो जाती है कि कठोर नियमों की जंजीर पूर्णतया तोड़ने में सफल होने के कारण ही ग्रीक कला उस समय जीवंत हो उठी थी।" इस 'क्लासिक' ग्रीक कला के दो संप्रदाय थे—आर्टिक तथा पिलोपेनेसियन। आर्टिक संप्रदाय की फिर दो भावधाराएँ थीं—प्रथम, महान् कलाकार फिडियस की प्रतिभाशक्ति—'अपूर्व सौंदर्य—महिमा एवं विशुद्ध देवत्व गौरव, जिनका अधिकार मानव-मानस-पटल पर युग-युगांत तक बना रहेगा', ऐसा लिखा है, जिसके संबंध में किसी फ्रांसीसी विद्वान् ने। आर्टिक संप्रदाय की द्वितीय भावधारा के महागुरु हैं—स्कोपस और प्रैक्सिटैल। इस संप्रदाय का उद्देश्य था, कला को धर्म से बिल्कुल अलग कर उसे केवल मानव-जीवन-चित्रण में लगाना।

'क्लासिक' ग्रीक कला की पिलोपेनेसियन नामक शाखा के प्रधान गुरु थे—पॉलीक्लेट तथा लिसिप्स। इनमें से एक ने जन्म ग्रहण किया था। ईसा पूर्व पाँचवीं सदी में और दूसरे ने ईसा पूर्व चौथी सदी में। इनका प्रधान उद्देश्य था—मनुष्य के अंग-प्रत्यंगों की गढ़न तथा उबार को कला में हू-ब-हू उतारना।

ईसा के 323 वर्ष पूर्व से 146 वर्ष पूर्व तक, अर्थात् सिकंदर की मृत्यु से रोमनों द्वारा आर्टिका विजय-काल तक ग्रीक कला में विकास देखने को मिलता है। उसके बाद रोमनों द्वारा ग्रीस-विजय के समय से ग्रीक कला पहले के कलाकारों की मात्र नकल कर संतुष्ट रही। कोई नवीनता यदि थी तो बस किसी व्यक्ति की मुखाकृति की नकल भर कर लेने में!

□

स्वामी विवेकानंद : महत्त्वपूर्ण तिथियाँ

- 12 जनवरी, 1863 : कोलकाता में जन्म
- सन् 1879 : प्रेजीडेंसी कॉलेज में प्रवेश
- सन् 1880 : जनरल एसेंबली इंस्टीट्यूशन में प्रवेश
- नवंबर 1881 : श्रीरामकृष्ण परमहंस से प्रथम भेंट
- सन् 1882-1886 : श्रीरामकृष्ण परमहंस से संबद्ध
- सन् 1884 : स्नातक परीक्षा उत्तीर्ण; पिता का स्वर्गवास
- सन् 1885 : श्रीरामकृष्ण परमहंस की अंतिम बीमारी
- 16 अगस्त, 1886 : श्रीरामकृष्ण परमहंस का निधन
- सन् 1886 : वराह नगर मठ की स्थापना
- जनवरी 1887 : वराह नगर मठ में संन्यास की औपचारिक प्रतिज्ञा
- सन् 1890-1893 : परिव्राजक के रूप में भारत भ्रमण
- 24 दिसंबर, 1892 : कन्याकुमारी में
- 13 फरवरी, 1893 : प्रथम सार्वजनिक व्याख्यान, सिंकदराबाद में
- 31 मई, 1893 : मुंबई से अमेरिका रवाना
- 25 जुलाई, 1893 : वैंकूवर, कनाडा पहुँचे
- 30 जुलाई, 1893 : शिकागो आगमन
- अगस्त 1893 : हार्वर्ड विश्वविद्यालय के प्रो. जॉन राइट से भेंट

- 11 सितंबर, 1893 : धर्म महासभा, शिकागो में प्रथम व्याख्यान
- 27 सितंबर, 1893 : धर्म महासभा, शिकागो में अंतिम व्याख्यान
- 16 मई, 1894 : हार्वर्ड विश्वविद्यालय में संभाषण
- नवंबर 1894 : न्यूयॉर्क में वेदांत समिति की स्थापना
- जनवरी 1895 : न्यूयॉर्क में धर्म-कक्षाओं का संचालन आरंभ
- अगस्त 1895 : पेरिस में
- अक्टूब 1895 : लंदन में व्याख्यान
- 6 दिसंबर, 1895 : वापस न्यूयॉर्क
- 22-25 मार्च, 1896 : हार्वर्ड विश्वविद्यालय में व्याख्यान
- 15 अप्रैल, 1896 : वापस लंदन
- मई-जुलाई 1896 : लंदन में धार्मिक-कक्षाएँ
- 28 मई, 1896 : ऑक्सफोर्ड में मैक्समूलर से भेंट
- 30 दिसंबर, 1896 : नेपल्स से भारत की ओर रवाना
- 15 जनवरी, 1897 : कोलंबो, श्रीलंका आगमन
- 6-15 फरवरी, 1897 : मद्रास में
- 19 फरवरी, 1897 : कलकत्ता आगमन
- 1 मई, 1897 : रामकृष्ण मिशन की स्थापना
- मई-दिसंबर 1897 : उत्तर भारत की यात्रा
- जनवरी 1898 : कलकत्ता वापसी
- 19 मार्च, 1899 : मायावती में अद्वैत आश्रम की स्थापना
- 20 जून, 1899 : पश्चिमी देशों की दूसरी यात्रा
- 31 जुलाई, 1899 : लंदन आगमन
- 28 अगस्त, 1899 : न्यूयॉर्क आगमन
- 22 फरवरी, 1900 : सैन फ्रांसिसको में

- 14 अप्रैल, 1900 : सैन फ्रांसिसकों में वेदांत समिति की स्थापना
- जून 1900 : न्यूयॉर्क में अंतिम कक्षा
- 26 जुलाई, 1900 : यूरोप रवाना
- 24 अक्तूबर, 1900 : वियना, हंगरी, कुस्तुनतुनिया, ग्रीस, मिस्र आदि देशों की यात्रा
- 26 नवंबर, 1900 : भारत को रवाना
- 9 दिसंबर, 1900 : बेलूड़ मठ आगमन
- जनवरी 1901 : मायावती की यात्रा
- मार्च-मई 1901 : पूर्वी बंगाल और असम की तीर्थ यात्रा
- जनवरी-फरवरी 1902 : बोध गया और वाराणसी की यात्रा
- मार्च 1902 : बेलूड़ मठ में वापसी
- 4 जुलाई, 1902 : महासमाधि

□□□